JN271704

中国語検定 HSK 公認テキスト 2級 改訂版

著者：宮岸 雄介

SPRIX

🎧 音声ファイル無料ダウンロード

本書内の 🎧 の表示がある箇所の音声は、下記方法にて無料でダウンロードできます。

ダウンロードパスワード：**sprixhskktext0202**

◆ 💻 パソコンから

URL：**https://ch-edu.net/hsk_ktext/**

【手順】
① 上記 URL にアクセス
　（URL からアクセスする際は、検索欄ではなく、ページ上部の URL が表示されている部分に直接ご入力下さい。）
② アクセス先のページでダウンロードパスワードとメールアドレス等の必要事項を入力
③ ご入力いただいたメールアドレス宛にダウンロードページ URL が記載されたメールが届く
　（自動送信の為、ご入力いただいたメールアドレスに必ずお送りしています。受信しない場合は、迷惑メールフォルダー等をご確認下さい。それでも受信していない場合は再度初めからご登録下さい。）
④ ダウンロードページにて音声（MP3）ファイルをダウンロード

◇ 📱 スマホ・タブレットから

"App Store"、"Google Play ストア" で HSK 音声ポケット 🔍 を検索して無料アプリをインストール

≪ iPhone ≫　　　　　　≪ Android ≫

【手順】
①「MY ポケット」ページの 書籍を追加 をタップ
②「書籍一覧」ページで、ダウンロードする書籍をタップ
③「PW 入力」ページに、ダウンロードパスワードを入力し、 ダウンロード をタップ

※ CD はご用意しておりませんのでご了承下さい。

まえがき

　中国は、「試験大国」です。隋王朝から20世紀初頭（589〜1905）まで、官僚登用試験である「科挙」を、一時の中断はあるにせよ、連綿と続けてきました。古来、科挙受験生であった文人達は、自身の人生と科挙を切り離すことはできず、受験にまつわる悲喜こもごものドラマを文学作品に綴ってきました。たとえば、中国最後の王朝である清の呉敬梓（1701〜1754）の白話小説『儒林外史』では、試験に一生を捧げ、試験のために生きる登場人物の悲喜劇を描いています。そして、本来手段であるべき試験が人生最大の目的になってしまっていた旧中国の士大夫社会の疲弊ぶりを、ユーモアを交えつつ揶揄しながら活写し、言外に試験の意義について現代にも示唆しています。このような試験の伝統を持つ中国が、20世紀末、新中国政府の指導の下、世界に向けて生み出した中国語試験がHSK（**汉语水平考试**Hànyǔ Shuǐpíng Kǎoshìの略）です。

　1990年、HSKは、中国政府公認の中国語の語学試験として産声を上げました。改革開放政策を推し進め、右肩上がりの経済成長を遂げてきた中国の現代史の歩みとともに、HSKは、増加する世界各国の中国語学習者の学習指標としての役割を担ってきました。近年、中国は経済活動の場として注目されてきたため、中国語は特にコミュニケーション能力を養うことが強く求められるようになってきました。HSKもその需要に応えるべく内容の一新が必要となり、2010年に日本で「新HSK」が始まりました。

　「新HSK」では、会話などの口語表現に多く題材を求め、コミュニケーション能力を測ることに重点が置かれています。留学や企業の駐在などで、中国で生活をするとき、現地の人々が話す自然な言葉を聞き取り、また自分の思いを中国語で伝えることができたら、より深く中国の人々との友情も深まっていくことでしょう。コミュニケーション能力の達成レベルを的確に確認できる目安となることに、「新HSK」の意義があります。

　HSKも資格試験であるため、合格を目標に勉強をしますが、合格した後にこそ、中国語学習の本当の目標があるはずです。試験合格のための受験勉強に終わらせず、ここで覚えた知識を使って、多くの中国の知己を得て、表面的なつきあいではなく、深い文化面からの交流が広がっていくことを、『儒林外史』の国は期待していると思います。

　本書は「新HSK」の出題内容を検討し、受験されるみなさんが、それぞれの級で学ばなければならない事項をわかりやすく解説し、さらに実際の試験の形式で練習できるように編集しています。本書が、受験される方々の中国語理解と合格の栄冠の獲得の一助となれば、望外の喜びです。

宮岸雄介

本書の特徴と使い方

本書は、HSK２級で合格、つまり６割以上の点数を取得するために必要な中国語の知識、文法、単語を紹介しています。

本書で使用している文法用語

文を構成するもの及び文の成分
- 単語、連語（＝フレーズ・句）、節
- 主語、述語、目的語、状語（＝連用修飾語）、定語（＝連体修飾語）、補語（様態補語、程度補語、結果補語、方向補語、可能補語、数量補語）

品詞など
名詞、時間詞、場所詞、方位詞、数詞、量詞（名量詞、動量詞）、数量詞、代詞（人称代詞、指示代詞、疑問代詞）、動詞、能願動詞、形容詞、副詞、介詞、接続詞、助詞（構造助詞、動態助詞、語気助詞）、感動詞、擬声詞、離合詞、成語慣用語、接頭辞、接尾辞

| Part1 ／ 発音 | 中国語の発音に慣れるための内容です。 |

| Part2 ～ Part5 ／ 文法 | 各UNITごとに、HSKに出題される重要な文法事項を解説しています。 |

音声
- 単語、例文など、この本の中のほとんどの中国語文が収録されています。
- 発音篇だけでなく、文法の学習を進める時にも音声を活用して、聞き取りの練習を進めましょう。
- ※音声ダウンロードに関しては、「まえがき」の前のページをご覧下さい。

基本フレーズ
このUNITで扱う文法を使った代表的な例文です。

基本単語
- 各UNITごとの新出・重要単語を掲載しています。
- HSKの過去の試験の出題頻度の高い順に「☆」「○」「△」「無印」をつけました。
- ピンインと和訳を赤シートで隠せるようになっています。発音や意味の学習に役立ててください。

POINT（文法解説）
HSKの出題傾向を分析し、合格に必要な文法事項をわかりやすく解説しています。

例文
- HSK合格に必要な文法事項を確認するための例文を、文法公式と併せてわかりやすく紹介しています。
- ピンインと和訳は赤シートで隠れるようになっています。文法が理解できたか確認してみましょう。

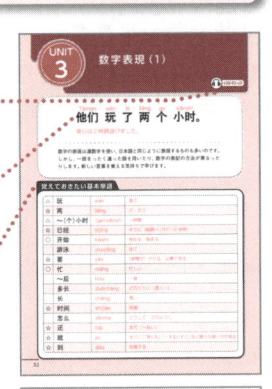

HSKの例文
各UNITで学んだ文法事項を、実際に出題されたHSKの問題で確認をすることができます。文法の内容だけでなく、解答のポイントも解説しています。

発展
文法事項の応用や、発展知識を紹介しています。基本事項だけでなく、より高いレベルを目指す方はこちらも確認しておきましょう。

補充単語
練習問題で出題される新出単語を掲載しています。練習問題を解く前に確認をしておきましょう。

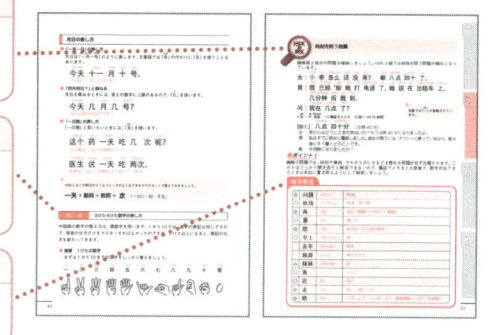

補足説明
赤い囲み部分には、文法や例文をより深く理解するための知識を記載しています。

未習語彙や、本書のレベル以上の語彙には「*」で補足説明をつけています。

練習問題
単語の聞き取り問題や、並べ替え問題など、各UNITで学んだ文法事項が理解できたかどうか確認できるようになっています。

解答
練習問題の解答です。文法事項の解説も記載していますので、間違った問題の解答と解説を確認し、理解を深めましょう。

実践問題
・そこまでで学んだ文法事項を使って、実際のHSKの問題と同じ形式の問題に挑戦できます。
・HSKの問題形式に慣れるとともに、文法知識や単語の理解が定着したかを確認しましょう。

模擬問題
・巻末には1回分のHSKの模擬問題を掲載しています。
・すべての文法事項が確認できたら、時間配分にも気をつけて、模擬問題に挑戦してみましょう。
・模擬問題のすべての問題に、詳しい和訳と解説がついています。
・理解できていない文法事項や覚えていない単語は、各UNITに戻って学習をしましょう。

3

まえがき		1
本書の特徴と使い方		2
HSK概要		8
HSK2級	試験概要	12
	問題紹介	14
	聞き取り試験のスクリプト	18

Part 1

UNIT1	中国語の発音	22
	POINT1　子音＋母音の組み合わせ	22
UNIT2	聴解の質問文	26
	POINT1　質問文の確認	27

Part 2

UNIT3	数字表現（1）	32
	POINT1　時刻と時間	33
	UNIT3　練習問題	36
UNIT4	数字表現（2）	42
	POINT1　年月日・3けた以上の数字	43
	UNIT4　練習問題	46
UNIT5	数量の表現〜量詞の使い方（1）〜	52
	POINT1　量詞は名詞によって使い分ける！	53
	POINT2　量詞の使い方	54
	UNIT5　練習問題	57
UNIT6	数量の表現〜量詞の使い方（2）〜	58
	POINT1　指示代詞	59
	UNIT6　練習問題	62
UNIT7	中国語の前置詞〜介詞（1）〜	66
	POINT1　場所を示す介詞	67
	UNIT7　練習問題	72
UNIT8	中国語の前置詞〜介詞（2）〜	76
	POINT1　比較や対象、方向を表す介詞	77
	UNIT8　練習問題	80
UNIT9	中国語の助動詞〜能願動詞（1）〜	86
	POINT1　3つの「できる」	87
	UNIT9　練習問題	90
UNIT10	中国語の助動詞〜能願動詞（2）〜	94

目次

	POINT1	大活躍の「要」とほかの能願動詞 ……………………	95
	UNIT10	練習問題 ……………………………………………	98
Part2	実践問題		102

Part 3
<!-- 113 -->

UNIT11	動詞述語文	……………………………………………………	114
	POINT1	動詞述語文の用法 …………………………………	115
	UNIT11	練習問題 ……………………………………………	119
UNIT12	副詞の使い方	……………………………………………	122
	POINT1	副詞の語順と意味を覚えよう ……………………	123
	UNIT12	練習問題 ……………………………………………	128
UNIT13	疑問文	…………………………………………………………	132
	POINT1	疑問代詞を使った疑問文 …………………………	133
	POINT2	正反疑問文 …………………………………………	136
	UNIT13	練習問題 ……………………………………………	138
Part3	実践問題		142

Part 4
<!-- 153 -->

UNIT14	完了のアスペクト「了」と語気助詞の「了」 ………………		154
	POINT1	「了」の用法 …………………………………………	155
	POINT2	完了の「了」は過去形ではない！ ―現在、過去、未来でも使うことができる―	157
	UNIT14	練習問題 ……………………………………………	160
UNIT15	進行・持続のアスペクト	………………………………	166
	POINT1	進行のアスペクト …………………………………	167
	POINT2	持続のアスペクト …………………………………	169
	UNIT15	練習問題 ……………………………………………	172
UNIT16	経験・将来のアスペクト～「过」・「要～了」～		176
	POINT1	「过」の意味と使い方 ……………………………	177
	POINT2	「要～了」の意味と使い方 ………………………	178
	UNIT16	練習問題 ……………………………………………	180
Part4	実践問題		184

Part 5
<!-- 195 -->

UNIT17	禁止・使役の表現	………………………………………	196
	POINT1	禁止の表現方法 ……………………………………	197
	POINT2	使役・依頼の言い方 ………………………………	198

		UNIT17	練習問題 ……………………………………………	202
UNIT18	語気助詞の使い方〜吧、呢、吗、了、的〜			208
	POINT1		文末の語気助詞は気持ちを伝える	209
			―疑問、省略、推量、変化の表現― ………………	
		UNIT18	練習問題 ……………………………………………	212
UNIT19	補語			216
	POINT1		補語は説明を加える役割 …………………………	217
		UNIT19	練習問題 ……………………………………………	222
UNIT20	複文			228
	POINT1		複文表現 ……………………………………………	229
		UNIT20	練習問題 ……………………………………………	232
Part5	実践問題		………………………………………………………	236

模擬問題　　　　　　　　　　　　　　246

HSK 概要

HSK とは？？

　HSKは中国語能力検定試験 "**汉语水平考试**"（Hanyu Shuiping Kaoshi）※のピンインの頭文字をとった略称です。HSKは、中国政府教育部（日本の文部科学省に相当）が認定する世界共通の中国語の語学検定試験で、母語が中国語ではない人の中国語の能力を測るために作られたものです。現在、中国国内だけでなく、世界各地で実施されています。

Hanyu　**S**huiping　**K**aoshi
汉语　水平　考试

中国政府認定
世界共通のテスト

※中国試験本部からの通知により、2023年以降試験名称が汉语水平考试から中文水平考试へ変更となります。
　試験問題・解答用紙・成績報告の記載名称は順次変更となります。

HSK の導入と試験内容

　HSKは、1990年に中国国内で初めて実施され、翌1991年から、世界各国で実施されるようになりました。

　2010年から導入されたHSKでは、これまで以上にあらゆるレベルの学習者に対応できるよう、試験難易度の幅を広げ、各段階での学習者のニーズを満たすことを目指しました。また、HSKは、中国語によるコミュニケーション能力の測定を第一の目的とした実用的な試験です。そのため、実際のコミュニケーションで使用する会話形式の問題や、リスニング、スピーキング能力の測定に重点をおいた試験となっています。

リスニング

会話形式の問題

コミュニケーション能力を重視

HSK 受験のメリット

　HSKは、中国政府の認定試験であるため、中国において中国語能力の公的な証明として通用し、HSK証書は中国の留学基準や就職の際にも活用されています。

　また、2010年のリニューアルでは、ヨーロッパにおいて外国語学習者の能力評価時に共通の基準となるCEFR[※1]と合致するよう設計されたため、欧米各国の外国語テストとの互換性から難易度の比較がしやすく、世界のどの地域でも適切な評価を受けることが可能となりました。

中国語能力の測定基準

> 自分の中国語能力を測定することで、学習の効果を確認するとともに、学習の目標として設定することでモチベーション向上につながります。

企業への中国語能力のアピール

> 企業採用選考時の自己アピールとして中国語能力を世界レベルで証明できるだけでなく、入社後の実務においても中国語のコミュニケーション能力をアピールする手段になり、現地（中国）勤務や昇進等の機会を得ることにつながります。

中国の大学への留学や中国での就職

> HSKは大学への本科留学の際に必要な条件となっています。また、中国国内での就職を考える際にも、中国語能力を証明するために必要な資格であると言えます。

日本国内の大学入試優遇

> 大学入試の際にHSKの資格保有者に対し優遇措置をとる大学が増えてきています。
> 　（詳細はHSK事務局HP：https://www.hskj.jp）

[※1]
CEFR（ヨーロッパ言語共通参照枠組み：Common European Framework of Reference for Languages: Learning, teaching, assessment）は、ヨーロッパにおいて、外国語教育のシラバス、カリキュラム、教科書、試験の作成時、および学習者の能力評価時に共通の基準となるもので、欧州評議会によって制定されたもの。学習者個人の生涯にわたる言語学習を、ヨーロッパのどこに住んでいても断続的に測定することができるよう、言語運用能力を段階的に明記している。

HSK 各級のレベル

HSKでは、1級から6級までに級が分けられ、合否およびスコアによって評価されます。

難易度	級	試験の程度	語彙量	CEF	
高	6級	中国語の情報をスムーズに読んだり聞いたりすることができ、会話や文章により、自分の見解を流暢に表現することができる。	5,000語以上の常用中国語単語	C2	熟達した言語使用者
	5級	中国語の新聞・雑誌を読んだり、中国語のテレビや映画を鑑賞したりでき、中国語を用いて比較的整ったスピーチを行うことができる。	2,500語程度の常用中国語単語	C1	
	4級	中国語を用いて、広範囲の話題について会話ができ、中国語を母国語とする相手と比較的流暢にコミュニケーションをとることができる。	1,200語程度の常用中国語単語	B2	自立した言語使用者
	3級	生活・学習・仕事などの場面で基本的なコミュニケーションをとることができ、中国旅行の際にも大部分のことに対応できる。	600語程度の基礎常用中国語単語及びそれに相応する文法知識	B1	
	2級	中国語を用いた簡単な日常会話を行うことができ、初級中国語優秀レベルに到達している。大学の第二外国語における第一年度履修程度。	300語程度の基礎常用中国語単語及びそれに相応する文法知識	A2	基礎段階の言語使用者
低	1級	中国語の非常に簡単な単語とフレーズを理解、使用することができる。大学の第二外国語における第一年度前期履修程度。	150語程度の基礎常用中国語単語及びそれに相応する文法知識	A1	

HSK2級 試験概要

※ 2025 年 2 月試験時点

HSK2 級について

　HSK2 級は、受験生の日常中国語の応用能力を判定するテストで、「身近な日常生活の話題について簡単で直接的な交流ができ、初級中国語の上位レベルに達している」ことが求められます。主に週2〜3回の授業を1年間（2学期間）習い、300語程度の常用単語と文法知識を習得している者を対象としています。

試験内容

聴力（聞き取り）：約25分・放送回数2回

パート	形　式	問題数	配点
第1部分	放送される短文が写真と一致するかを答える	10題	100点
第2部分	放送される短い会話の内容に一致する写真を選ぶ	10題	
第3部分	放送される短い会話の内容に関する問いに答える	10題	
第4部分	放送されるやや長い会話の内容に関する問いに答える	5題	

読解：22分

パート	形　式	問題数	配点
第1部分	短文に一致する写真を選ぶ	5題	100点
第2部分	文中の空所に適切な語句を補う	5題	
第3部分	2つの短文の内容が一致するかを答える	5題	
第4部分	意味が通る文になるよう、短文を組み合わせる	10題	

〇入室後、解答用紙に個人情報を記入します。
〇聴力試験終了後に、解答用紙に記入する時間が予備として3分間与えられます。

成績および有効期間

○聴力、読解の配点はそれぞれ100点、合計200点で評価されます。

○総得点120点が合格ラインです。

○HSK 2級の成績報告には、聴力、読解のそれぞれの得点および総得点が明記されます。

○成績報告は合否に関わらず受験者全員（試験無効者を除く）に送付され、発送には試験後約60日を要します。

○試験の約1か月後から、HSK公式ホームページ（https://www.hskj.jp）にて成績照会を行うことが可能（受験番号と姓名の入力が必要）です。

○採点は中国本部にて実施しており、配点・採点基準等につきましては非公開となっております。

○HSKの成績は、外国人留学生が中国の大学に入学するための中国語能力証明とする場合、その有効期間は受験日から起算して2年間とされています。

HSK2級 問題紹介

1 听力

第1部分

第1部分は、正誤判断の問題です。短文がそれぞれ2回ずつ読み上げられます。読み上げられた短文の内容が写真と一致する場合には「✓」を、一致しない場合には「×」を選択しましょう。あらかじめ写真を見て、短文の内容を予測しておくことでスムーズに答えが導けます。

【例題】

スクリプト	Wǒmen jiā yǒu sān gè rén. 我们家有三个人。
スクリプト和訳	我が家は3人家族です。

正解 ✓

スクリプト	Wǒ měitiān zuò gōnggòng qìchē qù shàngbān. 我每天坐公共汽车去上班。
スクリプト和訳	私は毎日、バスに乗って出勤します。

正解 ×

第2部分

第2部分は、会話の内容から写真を選択する問題です。
2人の会話文が2回ずつ読み上げられるので、会話の内容と一致する写真を選びましょう。写真は例題を除いて5つ与えられており、すべての選択肢が1回ずつ選ばれるようになっています。あらかじめ写真を見て、準備をしておきましょう。

【例題】

A　B　C　D　E　F

スクリプト	Nǐ xǐhuan shénme yùndòng? 男：你喜欢什么运动？ Wǒ zuì xǐhuan tī zúqiú. 女：我最喜欢踢足球。
スクリプト和訳	男：あなたは何のスポーツが好きですか？ 女：私はサッカーが一番好きです。

正解 D

第3部分

第3部分は、会話の内容に関する問題です。2人の会話とその内容に関する問いがそれぞれ2回ずつ読み上げられます。問いに対する答えとして正しいものを、与えられた3つの選択肢から選びましょう。あらかじめ3つの選択肢に目を通しておきましょう。選択肢にはピンインが書いてありますので、聞き取るときのヒントになります。

【例題】

スクリプト

男：小 王, 这里 有 几 个 杯子, 哪个 是 你 的？
Xiǎo Wáng, zhèlǐ yǒu jǐ gè bēizi, nǎge shì nǐ de?

女：左边 那个 红色 的 是 我 的。
Zuǒbian nàge hóngsè de shì wǒ de.

问：小 王 的 杯子 是 什么 颜色 的？
Xiǎo Wáng de bēizi shì shénme yánsè de?

選択肢

A 红色 B 黑色 C 白色
hóngsè *hēisè* *báisè*

スクリプト和訳

男 ：王さん、ここにいくつかコップがあるけど、どれが君の？
女 ：左側のその赤いのが私のよ。
問題：王さんのコップは何色ですか？

正解 A（赤色）

第4部分

第4部分は、会話の内容に関する問題です。2人の会話とその内容に関する問いがそれぞれ2回ずつ読み上げられます。問いに対する答えとして正しいものを、与えられた3つの選択肢から選びましょう。（第3部分の会話より少し長い会話です。）あらかじめ3つの選択肢に目を通しておきましょう。選択肢にはピンインが書いてありますので、聞き取るときのヒントになります。

【例題】

スクリプト

女：请 在 这儿 写 您 的 名字。
Qǐng zài zhèr xiě nín de míngzi.

男：是 这儿 吗？
Shì zhèr ma?

女：不是, 是 这儿。
Bú shì, shì zhèr.

男：好, 谢谢。
Hǎo, xièxie.

问：男 的 要 写 什么？
Nán de yào xiě shénme?

選択肢

A 名字 B 时间 C 房间号
míngzi *shíjiān* *fángjiān hào*

スクリプト和訳

女 ：こちらにお名前をお書きください。
男 ：ここですか？
女 ：いいえ、こちらです。
男 ：分かりました。ありがとう。
問題：男性は何を書こうとしていますか？

正解 A（名前）

2 阅读

第1部分

第1部分は、短文の内容から写真を選択する問題です。与えられた短文を読み取り、その内容と一致する写真を選びましょう。写真は例題を除いて5つ与えられており、全ての選択肢が1回ずつ選ばれるようになっています。

【例題】

A　　B　　C　　D　　E　　F

問題：
Měi gè xīngqīliù, wǒ dōu qù dǎ lánqiú.
每个 星期六, 我 都 去 打 篮球。

問題文和訳：毎週土曜日に、私はいつもバスケットボールをしに行きます。

正解 D

第2部分

第2部分は、空所補充問題です。短文の空所部分に適切な語句を補い、意味の通る文章を作りましょう。語句の選択肢は例題を除いて5つ与えられており、すべての選択肢が1回ずつ選ばれるようになっています。

【例題】

選択肢：
A 完 (wán)　　B 进 (jìn)　　C 过 (guo)
D 千 (qiān)　　E 贵 (guì)　　F 自行车 (zìxíngchē)

問題：
Zhèr de yángròu hěn hǎochī, dànshì yě hěn
这儿 的 羊肉 很 好吃, 但是 也 很 (　)。

問題文和訳：ここのヒツジ肉料理はおいしいです。でも値段が［高く］もあります。

正解 E（高い）

16

第3部分

第3部分は、正誤判断の問題です。2つの短文が与えられていますので、その内容が一致する場合は「✓」を、一致しない場合には「×」を選択しましょう。

【例題】

問題
Xiànzài shì diǎn fēn, tāmen yǐjīng yóule fēnzhōng le.
现在 是 11 点 30 分, 他们 已经 游了 20 分钟 了。
Tāmen diǎn fēn kāishǐ yóuyǒng.
★ 他们 11 点 10 分 开始 游泳。

問題文和訳
今は11時30分です。彼らはすでに20分間泳ぎました。
★ 彼らは11時10分に泳ぎ始めました。 正解 ✓

問題
Wǒ huì tiàowǔ, dàn tiào de bú tài hǎo.
我 会 跳舞, 但 跳 得 不太 好。
Shuōhuàrén tiào de fēicháng hǎo.
★ 说话人 跳 得 非常 好。

問題文和訳
私はダンスができますが、あまり上手ではありません。
★ 話し手は踊るのがとても上手です。 正解 ×

第4部分

第4部分は、2つの短文を意味が通るように組み合わせる問題です。与えられた短文に対し、関連(対応)する文を、例題を除く5つの選択肢から選びます。すべての選択肢が1回ずつ選ばれるようになっています。

【例題】

選択肢
Tā bú rènshi nǐ.
A 它 不 认识 你。
Hěn jìn, cóng zhèr zuò chūzūchē, liù-qī fēnzhōng jiù dào le.
B 很 近, 从 这儿 坐 出租车, 六七 分钟 就 到 了。
Tā sān nián de shíjiān li, xiěle běn shū.
C 她 三 年 的 时间 里, 写了 4 本 书。
Nǐ bǐ tā dà yí suì.
D 你 比 他 大 一 岁。
Tā zài nǎr ne? Nǐ kànjiàn tā le ma?
E 他 在 哪儿 呢？你 看见 他 了 吗？
Xiǎo Liú jiào wǒ yìqǐ qù pǎobù.
F 小 刘 叫 我 一起 去 跑步。

問題
Tā hái zài jiàoshì li xuéxí.
他 还 在 教室 里 学习。

問題文和訳
彼はまだ教室の中で勉強しています。

正解 **E** (彼はどこにいますか？あなたは彼を見かけましたか？)

聴力試験のスクリプト

聴力試験の放送内容を紹介しています。問題のスクリプトは解答・解説を参照してください。実際の試験で日本語は放送されません。

> "Dàjiā hǎo! Huānyíng cānjiā èrjí kǎoshì.
> 大家 好！ 欢迎 参加 HSK 二级 考试。"
> 「みなさん、こんにちは。HSK2級の試験にようこそ。」
> （3回放送されます。）

> "HSK èrjí tīnglì kǎoshì fēn sì bùfen, gòng sānshíwǔ tí.
> HSK 二级 听力 考试 分 四 部分，共 35 题。
> Qǐng dàjiā zhùyì, tīnglì kǎoshì xiànzài kāishǐ.
> 请 大家 注意，听力 考试 现在 开始。"
> 「HSK2級の聴力試験は4つの部分に分かれており、全部で35題です。
> それでは、今から聴力試験を始めますので、注意して聞いてください。」

その後、第1部分から順に放送が始まります。

各部分の初めには

> "Yígòng gè tí, měití tīng liǎngcì.
> 一共 ○ 个 题，每题 听 两次。"
> 「全部で○題あり、各問題の音声は2回ずつ流れます。」

というアナウンスがあります。

続いて例題が放送され、

> "Xiànzài kāishǐ dì tí.
> 现在 开始 第 ○ 题。"
> 「それでは、第○題から始めます。」

というアナウンスの後、問題が始まります。

全ての問題が終わると、

> "Tīnglì kǎoshì xiànzài jiéshù.
> 听力 考试 现在 结束。"
> 「これで聴力試験は終わります。」

とアナウンスがあり、試験官の指示が続きます。

2級 解答用紙

汉语水平考试 HSK（二级）答题卡

请填写考生信息

按照考试证件上的姓名填写：

姓名

如果有中文姓名，请填写：

中文姓名

考生序号 [0] [1] [2] [3] [4] [5] [6] [7] [8] [9]
[0] [1] [2] [3] [4] [5] [6] [7] [8] [9]
[0] [1] [2] [3] [4] [5] [6] [7] [8] [9]

请填写考点信息

考点代码
[0] [1] [2] [3] [4] [5] [6] [7] [8] [9]
[0] [1] [2] [3] [4] [5] [6] [7] [8] [9]
[0] [1] [2] [3] [4] [5] [6] [7] [8] [9]
[0] [1] [2] [3] [4] [5] [6] [7] [8] [9]
[0] [1] [2] [3] [4] [5] [6] [7] [8] [9]
[0] [1] [2] [3] [4] [5] [6] [7] [8] [9]

国籍 [0] [1] [2] [3] [4] [5] [6] [7] [8] [9]
[0] [1] [2] [3] [4] [5] [6] [7] [8] [9]

年龄 [0] [1] [2] [3] [4] [5] [6] [7] [8] [9]
[0] [1] [2] [3] [4] [5] [6] [7] [8] [9]

性别　男 [1]　　女 [2]

注意　请用2B铅笔这样写：■

一、听　力

1. [√] [X]
2. [√] [X]
3. [√] [X]
4. [√] [X]
5. [√] [X]

6. [√] [X]
7. [√] [X]
8. [√] [X]
9. [√] [X]
10. [√] [X]

11. [A] [B] [C] [D] [E] [F]
12. [A] [B] [C] [D] [E] [F]
13. [A] [B] [C] [D] [E] [F]
14. [A] [B] [C] [D] [E] [F]
15. [A] [B] [C] [D] [E] [F]

16. [A] [B] [C] [D] [E] [F]
17. [A] [B] [C] [D] [E] [F]
18. [A] [B] [C] [D] [E] [F]
19. [A] [B] [C] [D] [E] [F]
20. [A] [B] [C] [D] [E] [F]

21. [A] [B] [C]
22. [A] [B] [C]
23. [A] [B] [C]
24. [A] [B] [C]
25. [A] [B] [C]

26. [A] [B] [C]
27. [A] [B] [C]
28. [A] [B] [C]
29. [A] [B] [C]
30. [A] [B] [C]

31. [A] [B] [C]
32. [A] [B] [C]
33. [A] [B] [C]
34. [A] [B] [C]
35. [A] [B] [C]

二、阅　读

36. [A] [B] [C] [D] [E] [F]
37. [A] [B] [C] [D] [E] [F]
38. [A] [B] [C] [D] [E] [F]
39. [A] [B] [C] [D] [E] [F]
40. [A] [B] [C] [D] [E] [F]

41. [A] [B] [C] [D] [E] [F]
42. [A] [B] [C] [D] [E] [F]
43. [A] [B] [C] [D] [E] [F]
44. [A] [B] [C] [D] [E] [F]
45. [A] [B] [C] [D] [E] [F]

46. [√] [X]
47. [√] [X]
48. [√] [X]
49. [√] [X]
50. [√] [X]

51. [A] [B] [C] [D] [E] [F]
52. [A] [B] [C] [D] [E] [F]
53. [A] [B] [C] [D] [E] [F]
54. [A] [B] [C] [D] [E] [F]
55. [A] [B] [C] [D] [E] [F]

56. [A] [B] [C] [D] [E] [F]
57. [A] [B] [C] [D] [E] [F]
58. [A] [B] [C] [D] [E] [F]
59. [A] [B] [C] [D] [E] [F]
60. [A] [B] [C] [D] [E] [F]

Part 1

UNIT1　中国語の発音

UNIT2　聴解の質問文

UNIT 1 中国語の発音

🎧 t2Q-01-U1

中国語の発音の特徴を理解しながら、2級で出てくる単語がどのように発音されているのかを聞き取る練習をします。

POINT 1 子音＋母音の組み合わせ

中国語は漢字1字の1つの意味に対して、必ず1音節の読み方があります。1音節は、「子音＋母音」から成り立っています。中国語を正確に発音し、聞き取るためには、子音と母音の発音をきちんと覚えておく必要があります。

ピンインの発音を覚える

下表のアルファベットは、中国語の発音記号で、「ピンイン」といいます。ピンインは中国語の発音を便宜上ローマ字表記したものですが、その発音はローマ字通りではありません。中国語の発音は、これらの子音と母音の組み合わせで成り立っています。ひとつひとつのピンインがどのような音声を表しているのかを、耳で覚え、発音できるようにしていきましょう。

*子音 21種類				母音 36種類							
	無気音	有気音		単母音 7種類		a	o	e	i	u	ü	er
唇音	b(o)	p(o)	m(o) f(o)								
舌尖音	d(e)	t(e)	n(e) l(e)	二重母音 9種類	1番目強く	ai	ei	ao	ou			
舌根音	g(e)	k(e)	h(e)		2番目強く	ia	ie	ua	uo	üe		
舌面音	j(i)	q(i)	x(i)	三重母音 4種類		iao	iou	uai	uei			
そり舌音	zh(i)	ch(i)	sh(i) r(i)	鼻母音 16種類		an	en	in	ian	uan	uen	üan ün
舌歯音	z(i)	c(i)	s(i)			ang	eng	ong	ing	iang	iong	uang ueng

＊子音は単独では発音をしにくいので、（　）内の母音をつけて発音練習をします。

声調

中国語にはそれぞれの音節に4つの声調（イントネーション）があります。

声　調	第一声	第二声	第三声	第四声
ピンインの例	mā	má	mǎ	mà
発音の高低	高→低（平らに高く）	高←低（低から急上昇）	高↘↗低（下がって上がる）	高↘低（急降下）
発音のポイント	「やっほー」の「ほー」を発音するときのように高く平らかに。	「えっ、本当?」の「えっ」と驚いたときの発音をするように一気に上げて。	「へぇ、そうなの」の「へぇ」と感心するときのように低い発音で。	「さぁ、行こう」の「さぁ」のように、一気に急降下させて。

母音

● 母音だけの音節

		a	o	*1 e	i	u	*2 ü	*3 er
単母音		a / 阿 / ā	o / 噢 / ō	e / 饿 / è	yi / 一 / yī	wu / 五 / wǔ	yu / 鱼 / yú	er / 二 / èr
二重母音	1番目を強く読む二重母音	ai / ai / 爱 / ài	ei / ei / 欸 / ēi	ao / ao / 凹 / āo	ou / ou / 欧 / ōu			
	2番目を強く読む二重母音	ia / ya / 呀 / ya	ie / ye / 也 / yě	ua / wa / 哇 / wā	uo / wo / 我 / wǒ	üe / yue / 月 / yuè		
三重母音		iao / yao / 要 / yào	iou / you / 有 / yǒu	uai / wai / 外 / wài	uei / wei / 喂 / wèi			
鼻母音		in / yin / 因 / yīn	ian / yan / 眼 / yǎn	uan / wan / 玩 / wán	uen / wen / 问 / wèn	üan / yuan / 员 / yuán	ün / yun / 运 / yùn	ing / ying / 迎 / yíng
		iang / yang / 羊 / yáng	iong / yong / 泳 / yǒng	uang / wang / 望 / wàng	ueng / weng / 翁 / wēng			

*1 eは単独では「エ」と読まないので注意しましょう。
*2 üの発音は唇を丸く突き出して「イ」という要領で発音します。
*3 erは「e」の口をして舌をそらせて発音します。

＊ピンインで書くときは表の下段のように表記します。
＊薄い文字の中国語は3級以上、あるいは出題基準範囲外の文字です。

● ian (yan)の発音

ian (yan)は「イエン」のように発音します。次の単語を聞いてみましょう。

qiān	yánsè	fángjiān
千	颜色	房间
1000	色	部屋

● **鼻母音の発音**
「an」は日本語の「案内」の「案」の発音と同じです。「ang」は「案外」の「案」と同じ発音です。日本語では「ん」の発音は一種類として認識されていますが、中国語は「n」「ng」の2種類を明確に区別して発音します。「n」と「ng」を聞き比べてみましょう。

màn	máng	zhēn	zhèng	xīn	xìng	shàngbān	bāngzhù
慢	忙	真	正	新	姓	上班	帮助
遅い	忙しい	本当に	ちょうど	新しい	名字	出勤する	助ける

鼻母音に注意して次の単語を聞いてみましょう。

yīnwèi	yǎnjing	yuǎn	yùndòng	pángbiān	huānyíng
因为	眼睛	远	运动	旁边	欢迎
〜なので	目	遠い	運動	となり	ようこそ

fúwùyuán	yángròu	yóuyǒng	xīwàng
服务员	羊肉	游泳	希望
従業員	羊の肉	泳ぐ	希望する

子音

● **唇を使う発音 【b / p / m / f】**
口を閉じて、その後勢いよく口を開いて発音します。有気音 (p) と無気音 (b) の違いに注意しましょう。有気音は息を破裂させて、無気音は息を強く出さないように発音します。「f」は唇を軽くかんで発音しましょう。

bàba	bàozhǐ	pǎobù	piányi	piàoliang	mèimei	fúwùyuán
爸爸	报纸	跑步	便宜	漂亮	妹妹	服务员
お父さん	新聞	ジョギング	安い	うつくしい	妹	従業員

● **舌先を使う発音 【d / t / n / l】**
舌先を上の歯茎に当てて発音します。有気音(t)と無気音(d)の違いに注意しましょう。

diànnǎo	dàjiā	děng	dǒng	tiàowǔ	tóngxué	niúnǎi	lèi
电脑	大家	等	懂	跳舞	同学	牛奶	累
コンピューター	みなさん	待つ	わかる	踊りを踊る	クラスメイト	牛乳	疲れる

● **舌のつけ根を持ち上げる発音 【g / k / h】**
のどの奥で発音します。有気音 (k) と無気音 (g) の違いに注意して聞きましょう。「h」はのどの奥をこするように発音します。

gàosu	gōngjīn	kāfēi	kǎoshì	hǎochī	huídá
告诉	公斤	咖啡	考试	好吃	回答
言う	キログラム	コーヒー	試験	おいしい	答える

● **舌の面を使う発音 【j / q / x】**
舌の先を下の歯の裏につけて発音します。有気音 (q) と無気音 (j) の違いに注意して聞きましょう。「x」は日本語の「シ」と同じ要領で発音します。

jiějie	jièshào	qǐchuáng	qùnián	xīguā	xīwàng
姐姐	介绍	起床	去年	西瓜	希望
姉	紹介する	起きる	昨年	スイカ	希望する

● **舌をそらす発音 【zh / ch / sh / r】**
舌を上に巻き上げながら発音します。日本語にない発音なのでなじみにくい発音ですが、何度も聞いて、その音に慣れましょう。「zh」「ch」の区別は無気音か有気音の違いです。

zhīdào	zhàngfu	chànggē	chuān	shēngbìng	shǒubiǎo	ràng
知道	丈夫	唱歌	穿	生病	手表	让
知る	夫	歌を歌う	着る・履く	病気になる	腕時計	〜させる

● 舌と歯を使う発音 【z / c / s】

舌の先を上の前歯の裏に当て、唇を左右に引きながら発音します。この発音はローマ字通りでないので注意しましょう。

zìxíngchē	zì	cì	cóng	cuò	sì	suǒyǐ
自行车	字	次	从	错	四	所以
自転車	文字	回	~から	間違える	4	だから~

ピンインの特殊な表記

● 三重母音の特殊な表記

三重母音のピンイン表記で、前に子音がくるとき、以下のように省略して書くものがあります。

子音 + ui 〈uei〉　　子音 + iu 〈iou〉　　子音 + un 〈uen〉

huí	huì	liù	niú	zhǔnbèi
回	会	六	牛	准备
帰る	~できる	6	牛	準備する

●「j / q / x + u」の発音

「j」「q」「x」の後ろに「u」があるとき、この「u」は「ü(→23ページ参照)」の発音です。「¨」が省略されていますが、「ü」の発音なので注意しましょう。

juéde	qù	xuéxí
觉得	去	学习
思う	行く	学ぶ

問題

1 音声を聞いて、読まれたものを選びましょう。

A) dǎ lánqiú　B) yángròu　C) tīzúqiú
D) gōnggòngqìchē　E) zhèngzài

1) _____　2) _____　3) _____　4) _____　5) _____

2 音声を聞いて、読まれたものを選びましょう。

A) 跑步　B) 眼睛　C) 跳舞　D) 觉得　E) 告诉

1) _____　2) _____　3) _____　4) _____　5) _____

解答

問題1　1) D 公共汽车 gōnggòngqìchē バス　2) B 羊肉 yángròu 羊の肉
　　　3) E 正在 zhèngzài ちょうど~しているところである　4) C 踢足球 tī zúqiú サッカーをする
　　　5) A 打篮球 dǎ lánqiú バスケットボールをする

問題2　1) D 觉得 juéde 思う　2) E 告诉 gàosu 言う　3) B 眼睛 yǎnjing 目
　　　4) A 跑步 pǎobù ジョギング　5) C 跳舞 tiàowǔ 踊りを踊る

25

UNIT 2 聴解の質問文

🎧 t2Q-02-U2

HSKでは聴解問題が全体の半分程度出題されます。その中で、会話を聞いてその内容を中国語で質問される形式の問題があります。質問内容を正確に聞き取ることが、解答の大前提になるので、このUNITでは、HSKでしばしば出題される質問文を聞き取る練習をします。

覚えておきたい基本単語

○	鱼	yú	魚
☆	公司	gōngsī	会社
	下班	xiàbān	退社する（「上班」は出勤する）
	～天	tiān	日・～日間
○	意思	yìsi	意味
○	手机	shǒujī	携帯電話
○	为什么	wèishénme	なぜ
	早	zǎo	早く～・早い
	起	qǐ	起きる
	不错	búcuò	いい・すばらしい
☆	找	zhǎo	探す・尋ねる

POINT 1 質問文の確認

2級で出題される質問文の中で、よく使われるパターンを確認します。
それぞれの質問文が聞いている内容を理解できるように練習しましょう。

聴解の質問文

- 「在 哪儿」：どこ

  说话人 *1最 *2可能 在 哪儿?
  Shuōhuàrén zuì kěnéng zài nǎr?
  話している人はどこにいる可能性が最もありますか？

  *1 最 zuì：最も〜 （副詞→UNIT12参照）
  *2 可能 kěnéng：おそらく〜だろう （能願動詞→UNIT10参照）

  「sh」と「r」のそり舌音に注意しましょう。
  「zui」の「ui」は「uei」と発音します。

- 「多少」：いくら、いくつ

  多少 *公斤?　　　鱼 多少 钱 一斤?
  Duōshao gōngjīn?　Yú duōshao qián yìjīn?
  何キロですか？　　魚は1斤（500グラム）いくらですか？

  *公斤 gōngjīn：キログラム（量詞→UNIT5参照）

- 「几号」：何日

  今天 是 几号?
  Jīntiān shì jǐhào?
  今日は何日ですか？

- 「几点」：何時

  这个 公司 几点 下班?
  Zhège gōngsī jǐdiǎn xiàbān?
  この会社は何時に終わりますか？

  「ian」は「イエン」のように発音します。
  「jǐ」は第三声で、低音で発音されています。
  正確に聞き取るようにしましょう。

- 「哪天」：どの日、何日

  HSKでよく出題される表現です。確実に聞き取れるようにしましょう。

  *男 的 哪天 回来?
  Nán de nǎtiān huílai?
  男の人は何日に帰ってきますか？

  「哪 nǎ」は第三声で、低く発音されていることに注意しましょう。

  *男的 nánde：男の人（男的人 nánderén が省略された形で、口語でよく使われます。）

- 「什么时候」：いつ

  「什么 shénme +名詞」で「何の〜・どんな〜」という意味になります。ここでは名詞の部分に
  「时候 shíhou（とき）」がきているので、「いつ」という意味になります。

  他们 什么 时候 去 看 电影?
  Tāmen shénme shíhou qù kàn diànyǐng?
  彼らはいつ映画を見に行きますか？

- ●「什么 意思」：どんな意味
  HSK で頻出している質問文です。「什么＋名詞」の形で、ここでは名詞が「意思」なので「どんな意味」という意味です。

  Nǚ de shì shénme yìsi?
  女 的 是 *什么 意思?
  女の人（の言ったこと）はどういう意味ですか？

  > 「sh」のそり舌音の発音をきちんと聞き取るようにしましょう。

- ●「動詞＋什么」：何を〜しますか

  Zuò shénme?　　Shuō shénme?　　Xiě shénme?
  做 什么?　　说 什么?　　写 什么?
  何をしますか？　何を話しますか？　何を書きますか？

  Tāmen zài shuō shénme?
  他们 *在 说 什么?
  彼らは何を話していますか？

  > HSK では、動詞の前に「在」を置いて「〜している」という進行の意味で尋ねることが多いです（→UNIT15参照）。

- ●「怎么 了」：どうしましたか
  zěnme le
  「怎么 了」は「どうしましたか」という意味の決まり文句ですので、このまま覚えましょう。

  Nán de shǒujī zěnme le?
  男 的 手机 怎么 了?
  男の人の携帯電話はどうしましたか？

- ●「怎么＋動詞」：どうやって
  shénme　　zěnme
  「什么」と「怎么」は似ていますが、聞き間違えないようにしましょう。それぞれの意味をきちんと覚えて、聞き分けられるように何度も聞きましょう。

  Zhège Hànzì zěnme dú?
  这个 汉字 怎么 读?
  この漢字はどうやって読みますか？

- ●「为什么」：どうして、なぜ

  Nǚ de wèishénme yào zǎo qǐ?
  女 的 为什么 *要 早 起?
  女の人はどうして早く起きなければならないのですか？

  ＊要：〜しなければならない（能願動詞→UNIT10参照）

- 「怎么样」：どのようであるか

  これもHSKでよく聞かれる質問です。「怎么样」は状況を尋ねる疑問代詞なので、答えは形容詞など、状況を説明する内容となります。

  Xiànzài tiānqì zěnmeyàng?　　Tài rè.
  现在 天气 怎么样?　　太 热。
  今日天気はどうですか?　　とても暑いです。

  Tā de Hànyǔ zěnmeyàng?　　Hěn hǎo.
  他 的 汉语 怎么样?　　很 好。
  彼の中国語はどうですか?　　いいです。

  「怎么样」で聞かれたときの決まった答え方として以下のようなものもあります。質問文と合わせて確認しておきましょう。

  Bú cuò.　　　　　　Hái kěyǐ.
  不错。　　　　　　*还 可以。
  すばらしいです。　　まあまあです。

  *「还」はまあまあ、「可以」はよいという意味です。

- 「谁」：だれ

  Shéi zhǎo Zhāng lǎoshī?
  谁 找 张 老师?
  誰が張先生を探しているのですか?

問題

1 音声を聞いて、日本語に訳しましょう。

1) _____
2) _____
3) _____
4) _____
5) _____

解答

問題1
1) Tāmen zuì kěnéng zài nǎr?
   他们 最 可能 在 哪儿?　彼らはどこにいる可能性が最もありますか?
2) Tā de Hànyǔ zěnmeyàng?
   他 的 汉语 怎么样?　彼の中国語はどうですか?
3) Nǚ de nǎtiān huílai?
   女 的 哪天 回来?　女の人はいつ帰って来ますか?
4) Nán de shì shénme yìsi?
   男 的 是 什么 意思?　男の人の言ったことはどういう意味ですか?
5) Nǐ zěnme le?
   你 怎么 了?　あなたはどうしましたか?

Part 2

UNIT3　数字表現(1)

UNIT4　数字表現(2)

UNIT5　数量の表現～量詞の使い方(1)～

UNIT6　数量の表現～量詞の使い方(2)～

UNIT7　中国語の前置詞～介詞(1)～

UNIT8　中国語の前置詞～介詞(2)～

UNIT9　中国語の助動詞～能願動詞(1)～

UNIT10　中国語の助動詞～能願動詞(2)～

UNIT 3 数字表現（1）

🎧 t2Q-03-U3

Tāmen wán le liǎng ge xiǎoshí.
他们 玩 了 两 个 小时。

彼らは２時間遊びました。

数字の表現は漢数字を使い、日本語と同じように表現するものも多いのです。しかし、一部まったく違った語を用いたり、数字の表記の方法が異なったりします。新しい言葉を覚える気持ちで学びます。

覚えておきたい基本単語

△	玩	wán	遊ぶ
☆	两	liǎng	２・２つ
△	〜（个）小时	(ge)xiǎoshí	〜時間
☆	已经	yǐjīng	すでに（副詞→UNIT12参照）
○	开始	kāishǐ	始める・始まる
	游泳	yóuyǒng	泳ぐ
☆	要	yào	（時間が）かかる・必要である
○	忙	máng	忙しい
	〜后	hòu	〜後
	多长	duōcháng	どのくらい（長く〜）
	长	cháng	長い
☆	时间	shíjiān	時間
	怎么	zěnme	どうして・どのように
☆	还	hái	まだ（〜ない）
☆	就	jiù	すぐに（「早くも」「〜するとすぐ」など様々な使い方がある）
☆	到	dào	到着する

POINT 1 時刻と時間

HSKでは数字を問う問題が必ず出題されます。
ここでは、時刻や時間の言い方について学びます。

時刻の表し方

● 「～時～分」の表し方
～時～分と言いたい場合には「点」「分」を使います。

現在 *¹両点。
Xiànzài liǎngdiǎn.
今、2時です。

两点 十分。
Liǎngdiǎn shí fēn.
2時10分。

两点 *²零 五 *³(分)。
Liǎngdiǎn líng wǔ fēn.
2時5分。

＊1 「2時」は「两点 liǎngdiǎn」と言い、「二点 èrdiǎn」とは言わないので注意しましょう。
＊2 10分以下の時刻を言う場合、例えば「2:03」の「0」の部分も読むので注意しましょう。
＊3 10分以下の時刻では、「分 fēn」を省略することが多いです。

● 「今何時？」と時刻を尋ねる
時刻を尋ねるときは「几 jǐ」を使います。「几」は基本的に10以下の数を尋ねるときに使われますが、時刻を表す数字は上限が決まっているので、いつでも「几」を使います。

现在 几 点?
Xiànzài jǐ diǎn?
今何時ですか？

已经 九 点 零 五 了。
Yǐjīng jiǔ diǎn líng wǔ le.
もう9時5分になりました。

※「已经 yǐjīng～了 le」で「すでに～した」という意味になります（→UNIT12参照）。

● 時点の語順
時刻などの時点を示す語は、述語の前にくるというルールがあります。

　　　　時点 ＋ 述語

他们 几 点 开始 游泳?
Tāmen jǐ diǎn kāishǐ yóuyǒng?
彼らは何時に泳ぎ始めますか？

　　　　時点 ＋ 述語

他们 十一点 十一分 开始 游泳。
Tāmen shíyīdiǎn shíyīfēn kāishǐ yóuyǒng.
彼らは11時11分に泳ぎ始めます。

時間の表し方

● 「〜時間」の表し方
「〜時間」と言いたい場合には「小时 xiǎoshí」を使います。「小时」の前には量詞の「个 ge」をつけます。

一 个 小时
yí ge xiǎoshí
1時間

> 「个」は本来第四声ですが、実際は軽声で読まれることがほとんどなので、本書ではその実情に合わせて軽声で表記しています。

两 个 小时
liǎngge xiǎoshí
2時間

> 「2時間」というときも、「二 èr」ではなく「两 liǎng」を使います。

坐 火车 要 五个 小时。
Zuò huǒchē yào wǔge xiǎoshí.
電車に乗って、5時間かかります。

● 「〜分間」の表し方
「〜分間」と言いたい場合には「分钟 fēnzhōng」を使います。

对不起, 我 现在 很 忙, 十 分钟 后 打 电话。
Duìbuqǐ, wǒ xiànzài hěn máng, shí fēnzhōng hòu dǎ diànhuà.
すみません、私は今とても忙しいので、10分(間)後に電話します。

● 「何時間」と時間を尋ねる
「多长 时间 duōcháng shíjiān」はどのくらいの時間か尋ねる聞き方です。尋ねる時間に制限はありません。
10時間以内の数時間を尋ねる場合には「几 个 小时 jǐ ge xiǎoshí」という言い方もあります。

坐 火车 要 多长 时间?
Zuò huǒchē yào duōcháng shíjiān?
汽車に乗って何時間かかりますか?

> 「多 duō +形容詞(程度の大きい方)」という形で、「どのくらい」という疑問の表現になります。
> 多长 duōcháng (長さが) どのくらいか　多重 duōzhòng (重さが) どのくらいか　多远 duōyuǎn (遠さが) どのくらいか

● 時間量の語順
時間量を示す語は述語の目的語になり、述語の後ろにくるというルールがあります。
時点との違いを確認しておきましょう。

　　　述語　＋　時間量

他们 玩 了 两个 小时。
Tāmen wán le liǎngge xiǎoshí.
彼らは2時間遊びました。

HSKの例文 — 時刻を問う問題

聴解第3部分の問題を確認しましょう。HSK2級では時刻を問う問題が頻出となっています。

女：小 李 怎么 还 没 来？ 都 八点 *四十 了。
　　Xiǎo Lǐ zěnme hái méi lái? Dōu bādiǎn sìshí le.

男：我 已经 *给 她 打 电话 了，她 说 在 出租车 上，
　　Wǒ yǐjīng gěi tā dǎ diànhuà le, tā shuō zài chūzūchē shàng,
　　几分钟 后 就 到。
　　jǐfēnzhōng hòu jiù dào.

问：现在 几点 了？
　　Xiànzài jǐdiǎn le?

☀ 会話では「分 fēn」が省略されています。

＊给～ 打 电话：～に電話をかける（介詞→UNIT8参照）
　 gěi　　dǎ diànhuà

【答え】八点 四十分（8時40分）
　　　　bādiǎn sìshífēn

女：李さんはどうしてまだ来ないの？もう8時40分になりましたよ。
男：私はすでに彼女に電話しました。彼女が言うには、タクシーに乗っているから、数分後にすぐ着くとのことです。
问：今何時になりましたか？

● **ポイント！**

聴解の問題では、時刻や値段、それから日にちなどを尋ねる問題が必ず出題されます。これらはうっかり聞き逃すと解答できないので、電話でメモをとる感覚で、数字が出てきたときは余白に書き取るようにして解答しましょう。

補充単語

☆	您	nín	あなた（2人称の敬称）
☆	问题	wèntí	問題
○	早上	zǎoshang	朝
☆	再	zài	また（副詞→UNIT12参照）
○	机场	jīchǎng	空港・飛行場
○	非常	fēicháng	とても
○	累	lèi	疲れる
○	离	lí	～から
○	近	jìn	近い
☆	走	zǒu	歩く・進む・行く
○	但是	dànshì	しかし（→UNIT20参照）
	晚	wǎn	遅い・遅れる
☆	吧	ba	～でしょう・～しましょう（語気助詞→UNIT18参照）

UNIT 3　練習問題　t2Q-04-U3R

聞き取りトレーニング

1 会話を聞いて質問に中国語で答えましょう。

【問】 _{Zhège gōngsī jǐdiǎn xiàbān?}
这个 公司 几点 下班?

_____

2 会話を聞いて日本語に訳しましょう。

A：_____

B：_____

＊快(要)～了：もうすぐ～する（将来のアスペクト→UNIT16参照）
　_{kuài yào}　_{le}

音声内容

1
男：_{Nín hái yǒu wèntí ma?}
　　您 还 有 问题 吗?

女：_{Nǐmen gōngsī zǎoshang jǐdiǎn shàngbān?}
　　你们 公司 早上 几点 上班?

男：_{Jiǔdiǎn. Xiàwǔ wǔdiǎn xiàbān.}
　　九点。下午 五点 下班。

女：_{Hǎo de. Xièxie.}
　　好 的。谢谢。

2
男：_{Zhāng xiǎojiě de fēijī kuàidào le, wǒmen hái yào duōcháng shíjiān?}
　　张 小姐 的 飞机 ＊快到 了, 我们 还 要 多长 时间?

女：_{Méi wèntí, wǒmen zài yǒu wǔ fēnzhōng jiù dào jīchǎng le.}
　　没 问题, 我们 再 有 五 分钟 就 到 机场 了。

解答　UNIT 3

1　「几点？」を使った会話文の聞き取り問題

【答え】　**五点**。(5時)　*Wǔdiǎn.*

この会話は面接の時のもののようです。会社の勤務時間について質問をしています。

男：ほかに何か質問はありますか？
女：御社は朝何時出勤ですか？
男：9時です。午後5時退社です。
女：わかりました。ありがとうございます。
問：この会社は何時退社ですか？

2　「〜分钟」を使った会話文の聞き取り問題

【答え】

男：張さんの飛行機はもうすぐ着きます。私たちはあとどれくらいかかりますか？
女：大丈夫です。あと5分で空港に着きます。

「五分钟」が聞き取れたでしょうか？これは、張さんをこれから迎えに行く道で、おそらく運転手さんに空港までの時間を聞いている場面でしょう。

UNIT 3　練習問題

1 次の1〜3の中国語と組み合わせて意味が通るものをA〜Cの中から選んでそれぞれ日本語に訳しましょう。

> Xiànzài fēicháng lèi le, xiǎng shuìjiào le.
> A 现在　非常　累了，想　睡觉了。
> Jiǔ diǎn. Xiàwǔ wǔ diǎn xiàbān.
> B 九点。下午　五点　下班。
> Wǒ yào qù gōngsī le.
> C 我 *2要去　公司了。

Yǐjīng zǎoshang bā diǎn le.
1) 已经　早上　八点了。
Wǒmen yǐjīng wán le sānge xiǎoshí le.
2) 我们　已经　玩 *1了　三个　小时 *1了。
Nǐmen gōngsī zǎoshang jǐ diǎn shàngbān?
3) 你们　公司　早上　几点　上班？

1) _____　訳 _____

2) _____　訳 _____

3) _____　訳 _____

　　*1　了〜：「了」はこの文のように、1つの文に2つ使われる用法があります（→UNIT14参照）。
　　　　　　yào
　　*2　要〜：〜しなければならない（能願動詞→UNIT10参照）

2 (　　)に入る語をA〜Dの中から選び、完成した文を日本語に訳しましょう。

> duōcháng　　xiǎoshí　　diǎn　　zhōng
> A 多长　B 小时　C 点　D 钟

Tāmen zuò bā　　　　de huǒchē.
1) 他们　坐　八（　　）的　火车。
Zuò huǒchē yào　　shíjiān?
2) 坐　火车　要（　　）时间？
　　　Lí xuéxiào hěn jìn, zǒu liǎng sān fēn　　　jiù dào le.
3) *1离　学校　很近，走 *2两　三　分（　　）就到了。

1) _____　訳 _____

2) _____　訳 _____

3) _____　訳 _____

　　　　　lí
　　*1　离：〜から（介詞→UNIT7参照）
　　　　　liǎngsānfēn
　　*2　两三分：日本語と同じように「2、3分」と表現できます。

38

3 文を読んで、★の文が内容と合致する場合は「✓」、合致しない場合は「×」で答えましょう。

1) Xiànzài shì liǎng diǎn sìshí, tāmen yǐjīng wán le èrshí fēnzhōng le.
现在 是 两 点 四十，她们 已经 玩 了 二十 分钟 了。
Tāmen liǎng diǎn sānshí fēn kāishǐ wán.
★ 她们 两 点 三十 分 开始 玩。

2) Wǒmen wǔdiǎn dào diànyǐngyuàn dànshì diànyǐng sānshí fēnzhōng qián jiù kāishǐ le.
我们 五点 到 *电影院 但是 电影 30 分钟 前 就 开始 了。
Tāmen wǎnle sānshí fēnzhōng.
★ 他们 晚了 30 分钟 。

3) Xiànzài yǐjīng liù diǎn líng wǔ le. Wǔ fēnzhōng hòu wǒmen zǒu ba.
现在 已经 六 点 零 五 了。五 分钟 后 我们 走 吧。
Liù diǎn shí fēn tāmen qù.
★ 六 点 十 分 他们 去。

1) _____ 2) _____ 3) _____

diànyǐngyuàn
＊电影院：映画館

UNIT 3　解 答

1　時刻や時間に関する文の組み合わせ問題

1) C　*Yǐjīng zǎoshang bādiǎn le.*　*Wǒ yào qù gōngsī le.*
　　　已经　早上　八点　了。　我　要　去　公司　了。
　　　もう8時になりました。　　私は会社へ行かなければなりません。

2) A　*Wǒmen yǐjīng wán le sānge xiǎoshí le.*
　　　我们　已经　玩　了　三个　小时　了。
　　　私たちはもう3時間も遊びました。

　　　Xiànzài fēicháng lèi le, xiǎng shuìjiào le.
　　　现在　非常　累　了，想　睡觉　了。
　　　今とても疲れました。寝たくなりました。

3) B　*Nǐmen gōngsī zǎoshang jǐ diǎn shàngbān?*　*Jiǔdiǎn. Xiàwǔ wǔdiǎn xiàbān.*
　　　你们　公司　早上　几点　上班？　九点。下午　五点　下班。
　　　御社は朝何時出勤ですか？　　　　9時です。午後5時退社です。

HSKの閲読第4部分は、関連する2つの中国語の文を結びつける問題です。2つの文の内容が論理的につながるものを探すのがポイントです。Aは「すでに8時になった」とあることから、「会社へ行く」を連想します。

2　時刻や時間に関する文の空所補充問題

1) C　*Tāmen zuò bā diǎn de huǒchē.*
　　　他们　坐　八（点）的　火车。
　　　彼らは8時の汽車に乗ります。

2) A　*Zuò huǒchē yào duōcháng shíjiān?*
　　　坐　火车　要　（多长）时间？
　　　汽車に乗ってどれくらいかかりますか？

3) D　*Lí xuéxiào hěn jìn, zǒu liǎng sān fēn zhōng jiù dào le.*
　　　离　学校　很　近，走　两　三　分（钟）就　到　了。
　　　学校から（まで）近いです。2、3分行くと着きます。

閲読の第2部分です。この問題のような空所補充が必ず出題されます。内容としては単語の意味、文法事項を選ばせるものが出ています。数字関連では、数字、単位などがよく出題されています。

3　時刻や時間の読み取り問題

1) ✗ 　Xiànzài shì liǎngdiǎn sìshí,　tāmen yǐjīng wán le èrshífēnzhōng le.
　　　现在 是 两点 四十，她们 已经 玩 了 二十分钟 了。
　　　今2時40分で、彼女たちはすでに20分遊びました。

　　　　Tāmen liǎngdiǎn sānshí fēn kāishǐ wán.
　★她们 两点 三十 分 开始 玩。
　　　彼女たちは2時30分に遊び始めました。

2) ✓ 　Wǒmen wǔdiǎn dào diànyǐngyuàn, dànshì diànyǐng sānshí fēnzhōng qián
　　　我们 五点 到 电影院，但是 电影 30 分钟 前
　　　jiù kāishǐ le.
　　　就 开始 了。
　　　私たちは5時に映画館に着きましたが、映画はもう30分前に始まりました。

　　　　Tāmen wǎnle sānshí fēnzhōng.
　★他们 晚了 30 分钟。
　　　彼らは30分遅れました。

3) ✓ 　Xiànzài yǐjīng liù diǎn líng wǔ le. Wǔ fēnzhōng hòu wǒmen zǒu ba.
　　　现在 已经 六点 零 五 了。五 分钟 后 我们 走 吧。
　　　今すでに6時5分です。5分したら行きましょう。

　　　　Liù diǎn shí fēn tāmen qù.
　★六 点 十 分 他们 去。
　　　6時10分に彼らは行きます。

閲読の第3部分の問題です。短い文を提示して、★印の文が合致するかどうかを尋ねる問題です。これは文法の総合理解を問うものなので、あらゆる文法知識を総動員して、正確に読み取れるように練習しましょう。

UNIT 4 数字表現（2）

t2Q-05-U4

Zhège yào yìtiān chī jǐcì ne?
这个 药 一天 吃 几次 呢?
この薬は1日に何回飲むの？

HSKでは数字を問う問題が必ず出題されますが、特に2級では3けた以上の数字も出てきます。また、年月日の表現も正確に理解しているかどうかが問われます。このUNITでは、年月日の言い方と3けた以上の数字の言い方を学びます。

覚えておきたい基本単語

☆	～号	hào	～日（日にち）
	药	yào	薬（「薬を飲む」は「吃药」で、「吃」を使う）
☆	次	cì	～回
	百	bǎi	100
	千	qiān	1000

POINT 1 年月日・3けた以上の数字

中国語は日本語と表記の仕方がまったく違うものがあります。ここではそのような表現を中心にまとめていきます。

年の表し方

● 年（西暦）の表し方
西暦は数字を1つ1つ読みます。

èr líng yī èr nián
2012 年
2012年

● 「何年」と尋ねる
「何年」「どの年」と尋ねる場合は、「哪年」と言います。

　　　　　　　nǎnián
Nǐ　　shì　nǎnián　bìyè　de?
你 *1是 哪年 *2毕业 的?
あなたは何年の卒業なのですか？

＊1　「是～的」で、「～」の部分を強調します（「是～的」の構文→UNIT11参照）。
＊2　毕业（4級）：卒業
　　　biyè

Yī jiǔ jiǔ yī nián.
1991 年。
1991年です。

● 「何年間」と尋ねる
「何年間」「どのくらいの年」は、「多少 年」や「几年」を使います。
　　　　　　　　　　　　　　duōshao nián　　jǐ nián
①　答えの数字に制限を設けないで尋ねる場合

Nǐ　xué　Hànyǔ　duōshao　nián　le?
你 学 汉语 多少 年 了?
あなたは中国語を勉強して何年になりましたか？

②　答えが10年以下とわかっている場合

Nǐ　xué　Hànyǔ　jǐ　nián　le?
你 学 汉语 几 年 了?
あなたは中国語を勉強して何年になりましたか？

月日の表し方

● 「～月～日」の表し方
月日は「～月～号」のように表します。文章語では「号」の代わりに「日」を使うこともあります。

<ruby>Jīntiān</ruby> <ruby>shíyī</ruby> <ruby>yuè</ruby> <ruby>shí</ruby> <ruby>hào.</ruby>
今天 十一 月 十 号。
今日は11月10日です。

● 「何月何日？」と尋ねる
月日を尋ねるときには、答えの数字に上限があるので、「几」を使います。

Jīntiān jǐ yuè jǐ hào?
今天 几 月 几 号?
今日は何月何日ですか？

● 「～日間」の表し方
「～日間」と言いたいときには、「天」を使います。

Zhège yào yìtiān chī jǐ cì ne?
这个 药 一天 吃 几 次 呢?
この薬は1日に何回飲むの？

Yīshēng shuō yìtiān chī liǎngcì.
医生 说 一天 吃 两次。
医者は1日に2回飲むよう言っています。

※ HSKにはこの例文のようなフレーズがよく出てきますのでセットで覚えておきましょう。

一天＋動詞＋数詞＋ 次 :「1日に～回…する」

発 展　　3けた4けた数字の表し方

中国語の数字の数え方は、漢数字を用います。1から10では、漢字の表記は同じですので、発音の仕方だけをマスターすればよかったのですが、2けた以上になると、表記の仕方も変わってきます。

● 復習　1けたの数字
まずは1から10までの数字をしっかり覚えましょう。

yī	èr	sān	sì	wǔ	liù	qī	bā	jiǔ	shí	líng
一	二	三	四	五	六	七	八	九	十	零

● 3けたの数字
日本語と表記の違う点を理解して覚えましょう。

100	101	102	109
*1 yìbǎi	*2 yìbǎilíngyī	yìbǎilíngèr	yìbǎilíngjiǔ
一百	一百零一	一百零二	一百零九

110	111	112	119
*3 yìbǎiyī shí	yìbǎiyīshíyī	yìbǎiyīshí'èr	yìbǎiyīshíjiǔ
一百一（十）	一百一十一	一百一十二	一百一十九

*1 「100」は「百」ではなく、「一」を省略せずに「一百」と表記します。
*2 「101」の「0」の部分は省略せず、必ず「零」と読みます。
*3 「110」の「10」の部分は「一十」と表記し、「一」は省略しません。しかし、「十」はしばしば省略され「一百一」のように表記します。日本語の感覚で読むと「101」のように読めてしまうので注意しましょう。
また、「101」の読み方をもう一度確認しておきましょう。

200	*4 liǎngbǎi あるいは èrbǎi
	两百　　　　　二百

*4 3けた以上の数字で、一番上の位に「2」がくる場合、「两」を用います。ただし「200」に限っては、「二百」と表記してもかまいません。

● 4けたの数字と5けたの数字

1000	10000	2000	20000
*1 yìqiān	*1 yíwàn	liǎngqiān	liǎngwàn
一千	一万	两千	两万

1001	1010	1100	
*2 yìqiānlíngyī	*3 yìqiānlíngyīshí	*4 yìqiānyī(bǎi)	wàn
一千零一	一千零一十	一千一（百）	*万（3級）：万

*1 「1000」や「10000」も「千」「万」のように表記せず、「一」を省略せずに「一千」「一万」と表記します。
*2 「1001」では「0」が2つありますが、「零」は1つだけ表記します。つまり「0」はいくつあっても読むときには1つでかまいません。
*3 「1010」の「10」は「一十」と必ず「一」を表記します。この場合には、「十」は省略できません。
*4 「1100」（一千一百）の「百」は省略できます。

補充単語

○	票	piào	切符・チケット（「机票」は航空券）
	去年	qùnián	昨年
☆	知道	zhīdào	知る
	～多	duō	～あまり（数詞の後ろについて）
○	也	yě	～も
○	准备	zhǔnbèi	～するつもりである

△	课	kè	授業（「下课」は授業が終わる・「上课」は授業が始まる）
	妻子	qīzi	妻
○	生日	shēngrì	誕生日
	旅游	lǚyóu	旅行をする
○	姐姐	jiějie	姉

UNIT 4　練習問題　🎧 t2Q-06-U4R

聞き取りトレーニング

1　会話を聞いて質問に中国語で答えましょう。

【問】　_{Nán de nǎtiān qù Zhōngguó?}
　　　男的哪天去中国?　_____

2　会話を聞いて質問に中国語で答えましょう。

【問】　_{Nǚ de shénme shíhou lái zhège gōngsī?}
　　　女的什么时候来这个公司?
　　　_____

発展1　音声を聞いて日本語に訳しましょう。

　　訳　_____

発展2　会話を聞いて質問に中国語で答えましょう。

【問】　_{Zhège xuéxiào yǒu duōshǎo xuésheng?}
　　　这个学校有多少学生?　　　＊听说_{tīngshuō}：聞いたところによると
　　　_____

◀◀◀　音声内容　▶▶▶

1
女：_{Nǐ zhǔnbèi nǎtiān qù Zhōngguó?}
　　你准备哪天去中国?
男：_{Wǒ mǎi de jīpiào shì bā yuè qī hào de.}
　　我买的机票是八月七号的。

2
男：_{Nǐ shénme shíhou lái zhège gōngsī?}
　　你什么时候来这个公司?
女：_{Wǒ qùnián èrlínglíngbā nián lái de.}
　　我去年二零零八年来的。

発展1
_{Nǐ zhīdào ma?　Yìnián yǒu bāqiānqībǎi duō ge xiǎoshí.}
你知道吗?一年有八千七百多个小时。

発展2
男：_{Tīngshuō nǐmen xuéxiào hěn dà, lǎoshī yě hěn duō.}
　　听说你们学校很大，老师也很多。
女：_{Shìde, wǒmen yǒu liǎngbǎi duō ge lǎoshī.}
　　是的，我们有两百多个老师。
男：_{Nà xuésheng ne?}
　　那学生呢?
女：_{Xuésheng yǒu liǎngqiān duō ge rén.}
　　学生有两千多个人。

解答　UNIT 4

1　「何月何日？」を使った会話文の聞き取り問題

【答え】　八月 七号。（8月7日です。）
　　　　　Bāyuè qīhào.

女：あなたは何日に中国へ行くつもりですか？
男：私が買った飛行機のチケットは8月7日のものなんです。
問：男の人は何日に中国へ行きますか？

「哪天」で「どの日」つまり「何日」という意味になります。HSKでは、「哪天」を使った質問が頻出していますので、この言い方に慣れて、質問に答えられるようにしましょう。

2　西暦を使った会話文の聞き取り問題

【答え】　二零零八年。（2008年です。）
　　　　　Èrlínglíngbānián.

男：あなたはいつこの会社に来ましたか？
女：私は昨年、2008年に来ました。
問：女の人はいつこの会社に来ましたか？

＊参考

中国語	qùnián 去年	jīnnián 今年	míngnián 明年	zuótiān 昨天	jīntiān 今天	míngtiān 明天	měitiān 每天
日本語	昨年	今年	来年	昨日	今日	明日	毎日

発展1　3けた以上の数字を使った文の聞き取り問題

【答え】　知っていますか？　1年は8700時間あまりあります。

発展2　3けた以上の数字を使った会話文の聞き取り問題

【答え】　两千 多。（2000あまりです。）
　　　　　Liǎngqiān duō.

男：聞いたところによると、あなたたちの学校はとても大きく、先生もとても多いのだそうですね。
女：そうですよ。200人あまりの先生がいます。
男：それでは、学生は？
女：学生は2000人あまりいます。
問：この学校にはどれくらいの学生がいますか？

UNIT 4　練習問題

1　次の1〜3の中国語と組み合わせて意味が通るものをA〜Cの中から選んでそれぞれ日本語に訳しましょう。

> Nǐ hé tā zhǔnbèi zěnme guò?
> A 你和她准备怎么 *¹过？
>
> Wǒmen xiàkè jiù qù kàn diànyǐng ba.
> B 我们下课就去看电影吧。
>
> Wǒmen mǎshàng jiù bìyè le.
> C 我们 *²马上就 *³毕业了。

Xiànzài yǐjīng sān yuè shí hào le.
1) 现在已经三月十号了。

Míngtiān xīngqīwǔ.
2) 明天星期五。

Xiàge yuè sān hào shì nǐ qīzi shēngrì.
3) 下个月三号是你妻子生日。

*1　过(4級)：過ごす
*2　马上(3級)：すぐ
*3　毕业(4級)：卒業

1) _____　訳 _____
2) _____　訳 _____
3) _____　訳 _____

2　(　)に入る語をA〜Cの中から選び、完成した文を日本語に訳しましょう。

> duō　　liǎngcì　　hào
> A 多　B 两次　C 号

Wǒ jīnnián shíbā suì, wǒ de shēngrì shì jiǔ yuè liù
1) 我今年十八岁，我的生日是9月6(　　)。

Wǒmen xuéxiào yǒu liǎngbǎi ge xuésheng.
2) 我们学校有两百(　　)个学生。

Yīshēng shuō yìtiān chī yào.
3) 医生说一天吃(　　)药。

1) _____　訳 _____
2) _____　訳 _____
3) _____　訳 _____

3 文を読んで、★の文が内容と合致する場合は「✓」、合致しない場合は「×」で答えましょう。

1) _{Jīntiān shì shí'èr yuè shíyī hào, wǒmen míngtiān shí'èr hào xīngqīwǔ qù lǚyóu.}
今天 是 12 月 11 号，我们 明天 12 号 星期五 去 旅游。
　_{Jīntiān shì xīngqī'èr.}
★ 今天 是 星期二。

2) _{Jīntiān shì qī yuè shí'èr hào, zài yǒu sāntiān jiù shì wǒ bàba de shēngrì}
今天 是 七 月 十二 号，再 有 三天 *¹就 是 我 爸爸 的 生日
　_{le. Wǒ xiǎng sòng tā yíge diànnǎo.}
了。我 想 *²送 他 一个 电脑。
　_{Qī yuè shíwǔ hào shì wǒ de shēngrì.}
★ 七 月 十五 号 是 我 的 生日。

3) _{Zuótiān xīngqīsān shì wǒ jiějie èrshí suì shēngrì, wǒ sòng le tā yíjiàn}
昨天 星期三 是 我 姐姐 20 岁 生日，我 送 了 她 *³一件
　_{yīfu.}
衣服。
　_{Míngtiān xīngqīwǔ.}
★ 明天 星期五。

1) ＿＿＿＿＿　2) ＿＿＿＿＿　3) ＿＿＿＿＿

*1　就_{jiù}：早くも・もう
*2　送_{sòng}：贈る　「送＋目的語１＋目的語２」の形で「目的語１に目的語２を贈る」という意味になります（→UNIT11参照）。
*3　件_{jiàn}：～着（量詞→UNIT5参照）

UNIT 4　解 答

1　年月日に関する文の組み合わせ問題

1) C　Xiànzài yǐjīng sān yuè shí hào le.
　　　现在 已经 三 月 十 号 了。
　　　今すでに3月10日になりました。

　　　Wǒmen mǎshang jiù bìyè le.
　　　我们 马上 就 毕业 了。
　　　私たちはもうすぐ卒業です。

2) B　Míngtiān xīngqīwǔ.
　　　明天　星期五。
　　　明日は金曜日です。

　　　Wǒmen xiàkè jiù qù kàn diànyǐng ba.
　　　我们 下课 就 去 看 电影 吧。
　　　私たちは授業が終わったら映画を見に行きましょう。

3) A　Xiàge yuè sān hào shì nǐ qīzi shēngrì.
　　　下个 月 三 号 是 你 妻子 生日。
　　　来月3日はあなたの奥さんの誕生日です。

　　　Nǐ hé tā zhǔnbèi zěnme guò?
　　　你 和 她 准备 怎么 过?
　　　あなたは彼女とどう過ごすつもりですか?

　　Bは「今日は金曜日」と言っているので、ウィークエンドのイベントなどが次にくると想像できます。そして、Cでは奥さんの誕生日と言っているので、次にはそれと関連するものがきます。

2　年月日や数に関する文の空所補充問題

1) C　Wǒ jīnnián shíbāsuì, wǒ de shēngrì shì jiǔ yuè liù hào.
　　　我 今年 十八岁, 我 的 生日 是 9 月 6（号）。
　　　私は今年18歳で、私の誕生日は9月6日です。

2) A　Wǒmen xuéxiào yǒu liǎngbǎi duō ge xuésheng.
　　　我们 学校 有 两百（多）个 学生。
　　　私たちの学校には200人あまりの学生がいます。

3) B　Yīshēng shuō yìtiān chī liǎngcì yào.
　　　医生 说 一天 吃（两次）药。
　　　医者は1日に2回薬を飲むように言いました。

　　3)の文のように、回数などを示す語（「两次」）と一般の目的語（「药」）を動詞と共に使う場合、「動詞＋回数などを示す語＋目的語」と並べます。

3　年月日の読み取り問題

1) ✗　今天 是 12 月 11 号，我们 明天 12 号 星期五 去 旅游。
　　Jīntiān shì shí'èr yuè shíyī hào, wǒmen míngtiān shí'èr hào xīngqīwǔ qù lǚyóu.
　　今日は12月11日で、私たちは明日12日金曜日に旅行に行きます。
　　★ 今天 是 星期二。
　　　Jīntiān shì xīngqī'èr.
　　　今日は火曜日です。

2) ✗　今天 是 七 月 十二 号，再 有 三天 就 是 我 爸爸 的 生日 了。我 想 送 他 一个 电脑。
　　Jīntiān shì qī yuè shí'èr hào, zài yǒu sāntiān jiù shì wǒ bàba de shēngrì le. Wǒ xiǎng sòng tā yíge diànnǎo.
　　今日は7月12日で、あと3日で私の父の誕生日です。
　　私は父にコンピューターを贈りたいです。
　　★ 七 月 十五 号 是 我 的 生日。
　　　Qī yuè shíwǔ hào shì wǒ de shēngrì.
　　　7月15日は私の誕生日です。

3) ✓　昨天 星期三 是 我 姐姐 20 岁 生日，我 送 了 她 一件 衣服。
　　Zuótiān xīngqīsān shì wǒ jiějie èrshí suì shēngrì, wǒ sòng le tā yíjiàn yīfu.
　　昨日の水曜日は姉の20歳の誕生日で、私は彼女に1着の服を贈りました。
　　★ 明天 星期五。
　　　Míngtiān xīngqīwǔ.
　　　明日は金曜日です。

UNIT 5 数量の表現 ～量詞の使い方（1）～

t2Q-07-U5

Wǒ mǎi le yí jiàn yīfu.
我买了一件衣服。

私は服1着を買いました。

ものを数えるとき、日本語では「1本、2本」「3枚、4枚」などとそれぞれの名詞ごとに異なる助数詞と呼ばれる言葉を使います。中国語にもこれと同じ用法の「量詞」という言葉があります。

覚えておきたい基本単語

☆	件	jiàn	～着（量詞→ほかの量詞は53ページ参照）
	第～	dì	第～・～番目
○	新	xīn	新しい
△	丈夫	zhàngfu	夫
☆	给	gěi	～に（介詞→ UNIT8 参照）
△	服务员	fúwùyuán	従業員・店員（レストランなどでウェイターやウェイトレスを呼ぶときにも使う）
△	穿	chuān	着る・はく
△	题	tí	～題
☆	每	měi	～毎（ごと）
	外	wài	外（「外面」は外側）
○	便宜	piányi	安い
☆	问	wèn	問う・質問する
☆	到	dào	到達する・到着する
	卖	mài	売る
☆	您	nín	あなた（2人称の敬称）

POINT 1 量詞は名詞によって使い分ける！

日本語でも、ものを数えるときに使う「本」「枚」「個」などは、数える名詞によって使い分けます。中国語も同様で、後にくる名詞によって量詞を使い分けますが、量詞は1冊の辞書ができるほどの数があります。どの名詞にどの量詞が対応しているのかは、1つ1つ出てくるたびに覚えていきましょう。今回は、2級に出てくる量詞とその使い方を学びます。

いろいろな量詞　2級で学ぶ量詞

まずは2級で出題される量詞をまとめて覚えてしまいましょう。

量詞	量詞の意味・性質	後にくる名詞の例や使い方など
ge 个	「～個」 多くの名詞に対して使うことができる。 【代用での使用名詞】 右の単語は、それぞれを数える量詞がありますが、「个」で代用できます。	rén 人 人　péngyou 朋友 友達　píngguǒ 苹果 リンゴ wèntí 问题 問題 māo 猫 猫　zìxíngchē 自行车 自転車　shǒujī 手机 携帯電話
bēi 杯	「～杯」コップなどに入る液体	shuǐ 水 水　kāfēi 咖啡 コーヒー　chá 茶 お茶
běn 本	「～冊」	shū 书 本
jiàn 件	「～着」(服)、ことがら、荷物など	yīfu 衣服 服　shìqing 事情 ことがら
zhāng 张	平らなもの	piào 票 券・チケット
kuài 块	かたまりのような形のもの 口語表現で人民元の「元」	shǒubiǎo 手表 腕時計　yángròu 羊肉 羊の肉 shíkuàiqián 十块钱 10元
yuán 元	文章語表現で人民元の「元」	sānbǎiyuán 三百元 300元
suì 岁	「～歳」(年齢)	liǎngsuì 两岁 2歳　wǔshíyīsuì 五十一岁 51歳
cì 次	「～回」(回数)	dìyīcì 第一次 初めて
gōngjīn 公斤	「キログラム」	qī gōngjīn 七公斤 7キロ
xiē 些	「いくつか」「少し」	xiē dōngxi 些东西 いくつかのもの

POINT 2 量詞の使い方

中国語は、数詞の後に直接名詞をつけることができないので、必ず量詞をつけます。2級で出題される量詞の例文を見ていきましょう。後ろにくる名詞と一緒にその使い方をマスターしましょう。

「个」の使い方

数詞 + 量詞 + 名詞

Tā mǎi le yí ge xīn diànnǎo.
他买了一个新电脑。
彼は新しいコンピューターを（1台）買いました。

数詞 + 量詞 + 名詞

Wǒ zhàngfu xiǎng yào yí ge māo.
我丈夫想要一个猫。
私の夫は猫を（1匹）ほしがっています。

数詞 + 量詞 + 名詞

Wǒmen jiā yǒu sān ge rén.
我们家有三个人。
私たちの家は3人います（私たちは3人家族です）。

「一个(yíge)」を日本語にするとき、いちいち「1つの」と訳すと意味合いが微妙に違ってくることがあります。中国語の「一个(yíge)」はその名詞が特定のものであることを示すニュアンスがあります。
また、「一个(yíge)」の「一(yí)」はしばしば省略されて、下の例のように、量詞だけで表現することもあります。

量詞 + 名詞

Hǎo, zàijiàn, dào le gěi wǒ lái ge diànhuà.
好，再见，到了给我来个电话。
はい、さようなら、着いたら私に電話をください。

「件」の使い方

数詞 + 量詞 + 名詞

Zhōngwǔ tā gěi nǚ'ér mǎi le yí jiàn yīfu.
中午她给女儿买了一件衣服。
昼、彼女は娘に服を買いました。

(数詞) + 量詞 + 名詞

Wǒ chuān zhè yí jiàn yīfu zěnmeyàng?
我穿*这（一）件衣服怎么样？
私、この服を着たんですが（着たら）、どうですか？

＊「这件(zhèjiàn)」は「这一件(zhèyíjiàn)」を省略した形です（→UNIT6参照）。

「杯」の使い方

数詞 + 量詞 + 名詞

Fúwùyuán, qǐng gěi wǒ *lái yì bēi kāfēi.
服务员，请 给 我 *来 一 杯 咖啡。
店員さん、私にコーヒーを1杯ください。

＊「来」は具体的な動作を表す動詞の代わりに用いられます。ここでは「持ってくる」などの意味です。

「次」の使い方

量詞の中には、ものを数えるものだけではなく、動作の回数を数えるものがあります。これはHSKの聴解問題でいつも耳にする中国語です。

動詞 + 数詞 + 量詞

Yígòng shíge tí, měití tīng liǎng cì.
*一共 十个 题，每题 听 两 次。
全部で10題で、それぞれの問題は2回ずつ聞いてください。

＊一共（3級）：全部で（副詞）

発展　お金や値段の表現

● お金の言い方

中国の通貨は人民元で、文章語では「元」と表記しますが、口語表現では「块」を使います。しばしば後ろに「钱」をつけて「块钱」と言います。

yíkuài qián　　liǎngkuài qián　　jiǔ bǎi duō kuàiqián
一块（钱）　　两块（钱）　　九 百 多 块钱
1元　　　　　2元　　　　　　900元あまり

HSKでは「元」と「块」を混同して使って2つの意味が理解されているかどうかを問う問題も出ています。

Wǒ shàngwǔ qù wàimiàn mǎi le ge xīn shǒujī, jiǔbǎi duō kuàiqián, hěn piányi.
我 上午 去 外面 买 了 个 新 手机，九百 多 块钱，很 便宜。
私は午前中外に行って新しい携帯電話を買いました。900元あまりで安かったです。

★ Nàge shǒujī bú dào yìbǎi yuán.
那个 手机 不 到 100 元。
あの携帯電話は100元しませんでした。

この問題の答えは×です。

● 値段の聞き方

「～はいくらですか」と、ものの値段を尋ねるときには「多少钱」を使います。

Zhège shǒujī duōshaoqián?　　Yìqiānlíngjiǔshí kuài.
这个 手机 多少钱？　　　　　一千零九十 块。
この携帯電話はいくらですか？　1090元です。

HSKの例文 よく出る日にちを尋ねる問題

これは聴解第4部分の問題です。会話を聞いて、それについて最後に内容に関する質問をする問題です。今回は、切符売り場で男性が切符を買っている場面です。

男：_{Qǐngwèn,} _{shísì} _{hào dào} _{Běijīng de} _{chēpiào hái yǒu ma?}
请问, 十四 号 到 北京 的 车票 还 有 吗?

女：_{Duìbuqǐ,} _{shísì} _{hào de} _{yǐjīng} _{màiwán le.}
对不起, 十四 号 的 已经 *卖完 了。

男：_{Nà shíwǔ hào zǎoshang de hái yǒu ma?}
那 十五 号 早上 的 还 有 吗?

女：_{Yǒu, nín yào jǐ zhāng?}
有, 您 要 几 张?

男：_{Liǎng zhāng.}
两 张。

问：_{Nán de mǎi le nǎ tiān de piào?}
男 的 买 了 哪天 的 票?

*卖完_{màiwán}：売り終わる、つまり「売り切れる」（結果補語→UNIT19参照）。

【答え】 十五 号_{shíwǔ hào} （15日）

男 ：お尋ねしますが、14日の北京行きの切符はまだありますか？
女 ：すみません、14日のはすでに売り切れました。
男 ：それでは、15日の朝のはまだありますか？
女 ：あります。何枚ご入り用ですか？
男 ：2枚です。
问 ：男の人は何日の切符を買いましたか？

● ポイント！

会話は「两张_{liǎngzhāng}」つまり「2枚」切符を買うということで終わるのですが、質問内容は、「哪天_{nǎtiān}（どの日）」の切符を買ったのかを聞いています。聴解の問題ではこのように、日にちなどの数字が聞かれることが多いので、聞きながら必ずメモをする癖をつけましょう。

練習問題と解答 UNIT 5

1 次の日本語を、下の語群にある量詞を使って中国語にしてみましょう。

1) 2冊の本　　＿＿＿＿＿＿＿＿＿＿＿＿＿＿＿
2) 4着の服　　＿＿＿＿＿＿＿＿＿＿＿＿＿＿＿
3) 1杯のコーヒー　＿＿＿＿＿＿＿＿＿＿＿＿＿＿＿
4) 3つの腕時計　＿＿＿＿＿＿＿＿＿＿＿＿＿＿＿
5) 200元　　＿＿＿＿＿＿＿＿＿＿＿＿＿＿＿
6) 67歳　　＿＿＿＿＿＿＿＿＿＿＿＿＿＿＿
7) 2枚の切符　　＿＿＿＿＿＿＿＿＿＿＿＿＿＿＿

【語群】　kuài　běn　zhāng　jiàn　suì　bēi　kuàiqián
　　　　　块　　本　　张　　件　　岁　　杯　　块钱

解答

1 量詞の作文問題

1) liǎngběn shū
   两本　书
2) sìjiàn yīfu
   四件　衣服
3) yìbēi kāfēi
   一杯　咖啡
4) sānkuài shǒubiǎo
   三块　手表
5) liǎng (èr) bǎi kuàiqián
   两（二）百　块钱
6) liùshíqī suì
   六十七　岁
7) liǎngzhāng piào
   两张　票

UNIT6の練習問題にはより多くの量詞を使った問題を掲載していますので、確認してみましょう。

UNIT 6

数量の表現
～量詞の使い方（2）～

t2Q-08-U6

Zhè liǎng jiàn yīfu wǒ dōu xǐhuān.

这 两 件 衣服 我 都 喜欢。

この2着の服を、私は両方気に入っています。

- -

このUNITでは「この2着の服」のように、指示代詞と数詞が同時に名詞を修飾する表現について学びます。

覚えておきたい基本単語

○	一下	yíxià	ちょっと（動詞の後ろに置く）
	红	hóng	赤（「红色」で赤い色）
△	西瓜	xīguā	スイカ
	斤	jīn	500グラム
	天天	tiāntiān	毎日・日々
☆	真	zhēn	本当（「真的」の形でよく使われる）

POINT 1 指示代詞

日本語では「この本」や「あのリンゴ」というように、直接「この」「あの」が名詞を修飾できますが、中国語の場合は、量詞を省略することができません。指示代詞と数詞が同時に名詞を修飾する場合、「指示代詞＋数詞＋量詞＋名詞」という語順で表現するのが原則です。まずは、量詞の役割や使い方について学んでいきます。

指示代詞と量詞

指示代詞と数詞を両方用いて「あの3つのリンゴ」という場合、次のように表現します。

指示代詞 ＋ 数詞 ＋ 量詞 ＋ 名詞

nà　　sān　　ge　　píngguǒ
那　　三　　个　　苹果
あの3つのリンゴ

この語順に注意して、例文を見ていきましょう。

指示代詞 ＋ 数詞 ＋ 量詞 ＋ 名詞

Zhè　liǎng　ge　　zì　　shì　shénme　yìsi?
这　　两　　个　　字　　是　什么　意思?
この2つの字は何という意味ですか？

指示代詞 ＋ 数詞 ＋ 量詞 ＋ 名詞

Nà　liǎng　ge　wàiguó　xuésheng　de　Hànyǔ　zěnmeyàng?
那　两　　个　外国　　学生　　　的　汉语　　怎么样?
あの2人の外国人学生の中国語はどうですか？

指示代詞 ＋ 数詞 ＋ 量詞 ＋ 名詞

Qǐng　nǐ　dú　yíxià　zhè　jǐ　ge　Hànzì.
请　　你　读　一下　这　几　个　汉字。
このいくつかの漢字をちょっと読んでみてください。

● 中国語のこそあどことば

「この〜」、「あの〜」と指示代詞の後ろに名詞をつなげたいときにも、中国語では量詞を省略できないので、指示代詞と名詞の間に「数量＋量詞」を入れて表現しますが、「一」はしばしば省略されます。

哪 (一) 个 杯子 是 你 的?
Nǎ yí ge bēizi shì nǐ de?
どれがあなたのコップですか？

那 (一) 个 红色 的 是 我 的。
Nà yí ge hóngsè de shì wǒ de.
あの赤いのが私のです。

这 (一) 个 白色 的 是 他 的。
Zhè yí ge báisè de shì tā de.
この白いのは彼のです。

発展　重さの言い方

● 斤

中国では今でも中国固有の重さの単位「斤」でものを量ります。
買い物の時は、「一斤（500グラム）」いくらかと尋ねる習慣があります。

现在 西瓜 多少钱 一斤?　　五元 一斤。
Xiànzài xīguā duōshaoqián yìjīn?　Wǔyuán yìjīn.
今、スイカは1斤でいくらですか？　　1斤で5元です。

「〜多少钱 一斤」は「〜は一斤（500グラム）でいくらですか」という表現です。
HSKでもこの表現はしばしば出題されますのでセットで覚えましょう。

● 公斤

キログラムは「公斤」で言い表します。
HSKで出題された重さの問題を見てみましょう。

男：这个 月 我 天天 去 游泳, 现在 七十 公斤。
Zhège yuè wǒ tiāntiān qù yóuyǒng, xiànzài qīshí gōngjīn.
今月私は毎日泳ぎに行きました。今70キロです。

女：真 的 吗? 少 了 五 公斤?
Zhēn de ma? Shǎo le wǔ gōngjīn?
本当ですか？　　5キロ少なくなりましたね？

问：男 的 现在 多少 公斤?
Nán de xiànzài duōshao gōngjīn?
男の人は今何キロですか？

答えは、七十公斤（70キロ）です。
qīshígōngjīn

補充単語

	自行车	zìxíngchē	自転車
○	贵	guì	(値段が) 高い
△	鸡蛋	jīdàn	卵
△	牛奶	niúnǎi	牛乳
	这样	zhèyàng	このような
○	孩子	háizi	子供

UNIT 6　練習問題

1　次の1～3の中国語と組み合わせて意味が通るものをA～Cの中から選んでそれぞれ日本語に訳しましょう。

> A 你的自行车是红色的?　真漂亮,贵吗?
> Nǐ de zìxíngchē shì hóngsè de?　Zhēn piàoliang, guì ma?
> B 这个西瓜五公斤。
> Zhège xīguā wǔ gōngjīn.
> C 早上吃什么了?
> Zǎoshang chī shénme le?

1) 是吗?　很 *1 重 呢。
   Shì ma?　Hěn zhòng ne.
2) 一个鸡蛋,喝了些牛奶。
   Yíge jīdàn, hē le xiē niúnǎi.
3) *2 还可以,不到三百元。
   Hái kěyǐ, bú dào sānbǎi yuán.

1) _____　訳 _____

2) _____　訳 _____

3) _____　訳 _____

*1　重(zhòng)：重い
*2　「还(hái)」はまあまあ、「可以(kěyǐ)」はよいという意味です。

2　(　　)に入る語をA～Dの中から選び、完成した文を日本語に訳しましょう。

> A 件(jiàn)　B 杯(bēi)　C 块(kuài)　D 岁(suì)

1) 请给我一(　　)热咖啡。
   Qǐng gěi wǒ yi　　rè kāfēi.
2) 我丈夫给我买了一(　　)手表。
   Wǒ zhàngfu gěi wǒ mǎi le yi　　shǒubiǎo.
3) 他买了三(　　)衣服。
   Tā mǎi le sān　　yīfu.

1) _____　訳 _____

2) _____　訳 _____

3) _____　訳 _____

3 文を読んで、★の文が内容と合致する場合は「✓」、合致しない場合は「×」で答えましょう。

1) 你 *去过 "一元店" 吗？ 在 这样 的 商店 里，一块钱 就 可以 买 一 件 东西。
   ★ "一元店" 的 东西 很 贵。

2) 我 昨天 买 了 个 新 手表，不 到 一千 元，不 贵。
   ★ 那个 手表 一千 三 百 元。

3) 我 来 北京 10 年 了。我 女儿 已经 5 岁 多 了。
   ★ 我 有 两个 孩子。

1) _____ 2) _____ 3) _____

＊去过：行ったことがある（経験のアスペクト→UNIT16参照）

UNIT 6　解答

1　量詞を使った文の組み合わせ問題

1) B　这个 西瓜 五 公斤。
　　　Zhège xīguā wǔ gōngjīn.
　　このスイカは5キロです。

　　是 吗? 很 重 呢。
　　Shì ma? Hěn zhòng ne.
　　そうですか？とても重いですね。

2) C　早上 吃 什么 了?
　　　Zǎoshang chī shénme le?
　　朝何を食べましたか？

　　一个 鸡蛋, 喝 了 些 牛奶。
　　Yíge jīdàn, hē le xiē niúnǎi.
　　卵1つに、牛乳をいくらか飲みました。
　「些」は「いくらか」と複数を示す量詞です。「些」の前に置ける数詞は「一」だけです。ここでは「一」が省略されています。

3) A　你 的 自行车 是 红色 的? 真 漂亮, 贵 吗?
　　　Nǐ de zìxíngchē shì hóngsè de? Zhēn piàoliang, guì ma?
　　あなたの自転車は赤いのですか？　本当にきれいですね。高かったですか？

　　还 可以, 不 到 三百 元。
　　Hái kěyǐ, bú dào sānbǎi yuán.
　　まあまあです。300元しませんでした。

2　量詞の空所補充問題

1) B　请 给 我 一(杯)热 咖啡。
　　　Qǐng gěi wǒ yì bēi rè kāfēi
　　私に1杯の熱いコーヒーをください。

2) C　我 丈夫 给 我 买 了 一(块) 手表。
　　　Wǒ zhàngfu gěi wǒ mǎi le yí kuài shǒubiǎo.
　　私の夫は私に腕時計を買ってくれました。
　「手表」を数える量詞が「块」であることに注意しましょう。

3) A　他 买 了 三(件) 衣服。
　　　Tā mǎi le sān jiàn yīfu.
　　彼は3着の服を買いました。

3　量詞を使った文の読み取り問題

1) ✗　Nǐ qùguo yìyuándiàn ma? Zài zhèyàng de shāngdiàn li, yíkuàiqián jiù kěyǐ mǎi yí jiàn dōngxi.
你 去过 "一元店" 吗？ 在 这样 的 商店 里，一块钱 就 可以 买 一 件 东西。
あなたは「一元店」に行ったことがありますか。このような店では、一元でものが買えます。

★ Yìyuándiàn de dōngxi hěn guì.
"一元店" 的 东西 很 贵。
「一元店」のものは高いです。

2) ✗　Wǒ zuótiān mǎi le ge xīn shǒubiǎo, bú dào yìqiān yuán, bú guì.
我 昨天 买 了 个 新 手表，不 到 一千 元，不 贵。
私は昨日新しい腕時計を買いましたが、1000元せず、高くありませんでした。

★ Nàge shǒubiǎo yìqiān sān bǎi yuán.
那个 手表 一千 三 百 元。
その腕時計は1300元です。

3) ✗　Wǒ lái Běijīng shí nián le. Wǒ nǚ'ér yǐjīng wǔ suì duō le.
我 来 北京 10 年 了。我 女儿 已经 5 岁 多 了。
私は北京へ来て10年になりました。私の娘はすでに5歳あまりになりました。

★ Wǒ yǒu liǎngge háizi.
我 有 两个 孩子。
私は2人の子供がいます。

3けた以上の数字は、前から詰めて読む習慣があります。「一千三」は「1003」ではなく、「1300」の意味です。「1030」は「一千零三十」、「1003」は「一千零三」というように、「零」を使ってそれぞれ表記しますので注意しましょう。

UNIT 7 中国語の前置詞 ～介詞（1）～

t2Q-09-U7

Lí　　xuéxiào　yuǎn　ma?
离 学校 远 吗?

学校から遠いですか？

中国語には英語の前置詞のような役割で、「～に」「～で」「～から」という意味を表す介詞というものがあります。このUNITでは、2級で出題される介詞を学びます。

覚えておきたい基本単語

○	离	lí	～から
○	远	yuǎn	遠い
	弟弟	dìdi	弟
	妻子	qīzi	妻
	晚饭	wǎnfàn	晩ご飯
	教室	jiàoshì	教室
☆	从	cóng	～から
☆	到	dào	～まで
○	机场	jīchǎng	空港・飛行場
○	近	jìn	近い
☆	路	lù	道

POINT 1 場所を示す介詞

中国語は日本語の助詞「て、に、を、は」に当たる語がありませんが、名詞の前に置いて場所・時間・比較などを示す介詞というものがあります。ここでは場所を示す介詞「在・从・离」の使い方を学びましょう。

「～で・～に」の「在」

「在(zài)」は動作が行われる場所を表し、必ず名詞（場所）の前に置きます。

在 + [場所] + [動詞]

Wǒ dìdi zài Běijīng Dàxué dú shū.
我 弟弟 在 北京 大学 读 书。
私の弟は北京大学で学んでいます。

在 + [場所] + [動詞]

Xīngqīrì, wǒ hé qīzi zài fàndiàn chī wǎnfàn.
星期日，我 和 妻子 在 饭店 吃 晚饭。
日曜日、私と妻はホテルで晩ご飯を食べます。

在 + [場所] + [動詞]

Qǐng zài zhèr xiě nín de míngzi.
请 在 这儿 写 您 的 名字。
ここにあなたの名前を書いてください。

2つの「〜から」「从」と「离」

「〜から」という意味を表す中国語には、「从 cóng」と「离 lí」があります。「从 cóng」は動作や時間の起点を表し、「离 lí」は空間や時間の隔たりを表します。それぞれ使い分ける必要がありますので、詳しく見てみましょう。

● 「从」の使い方
「从 cóng」は動作や時間の起点を表します。「从 cóng」の後には必ず名詞（起点となる場所や時間）がきます。名詞の後ろには動作を示す動詞がくることが多いです。

① 出発点（動作の起点）を表す
　動作の起点となる出発点を表し、「〜から」と言いたいときには「从 cóng」を使います。

　　　　　从 ＋ 動作の起点 ＋ 動詞

　Wǒ　cóng　zhōngguó　　　lái.
　我　从　　中国　　　　来。
　私は中国から来ました。

　　　　　从 ＋ 動作の起点 ＋ 動詞

　Wǒ　yǐjīng　cóng　Jiàoshìli　chūlai　le,　shífēnzhōng　hòu　dào.
　我　已经　从　教室里　出来　了，十分钟　后　到。
　私はすでに教室を出ました（出て来ました）ので、10分後に着きます。

② 時間の起点を表す
　「从 cóng」は動作の起点となる場所だけではなく、時間の起点を示すこともできます。

　　　　　从 ＋ 時間の起点 ＋ 動詞

　Běijīng　Àoyùnhuì　cóng　xiànzài　kāishǐ.
　北京 *奥运会　从　现在　开始。
　北京オリンピックをただ今より始めます。
　＊奥运会 àoyùnhuì：オリンピック

③「～から…まで」
「从」は「从～到…」の形で「～から…まで」という表現でも使われます。「从」「到」の後にはそれぞれ起点、終点となる名詞がきます。

从 + 起点 + **到** + 終点
Cóng zhèr dào jīchǎng hěn jìn.
从 这儿 到 机场 很 近。
ここから空港まで近いです。

> 「从～(到…)」の後ろには動詞がくることが多いですが、このように形容詞がくることもあります。

从 + 起点 + **到** + 終点
Cóng tā jiā dào xuéxiào yào duōcháng shíjiān?
从 他 家 到 学校 要 多长 时间?
彼の家から学校までどれくらいかかりますか?

● 「离」の使い方
「离」も「～から」という意味で使われますが、起点ではなく、空間や時間の隔たりを表します。後ろには状態を示す形容詞「远 (遠い)」「近 (近い)」などがくることが多いです。

①空間の隔たりを表す「～から (まで)」
「离＋A (ある場所) ＋B (ある場所から隔たった状態)」で、「Aから (まで) Bである」という意味になります。

离 + A (場所) + B (状態)
Nǐ jiā lí xuéxiào yuǎn ma?
你 家 离 学校 远 吗?
あなたの家は学校から遠いですか?

离 + A (場所) + B (状態)
Nǐ zhù nǎr? Lí yīyuàn jìn ma?
你 住 哪儿? 离 医院 近 吗?
あなたはどこに住んでいますか?病院から近いですか?

②時間の隔たりを表す
「离」も場所だけではなく、時間の隔たりも表現することができます。
場所の隔たりを表す場合と同様に、「离＋A (ある時点) ＋B (ある時点から隔たった状態・量など)」で「Aから (まで) Bである」という意味になります。

离 + A (時点) + B (状態・量など)
Lí chūfā hái yǒu yíge xiǎoshí.
离 *出发 还 有 一个 小时。 出発まであと1時間あります。

＊出发 (4級)：出発、出発する

「离」は空間や時間の隔たりを示すので、ここでは「まで」という意味になります。

● 「从」と「离」の違い

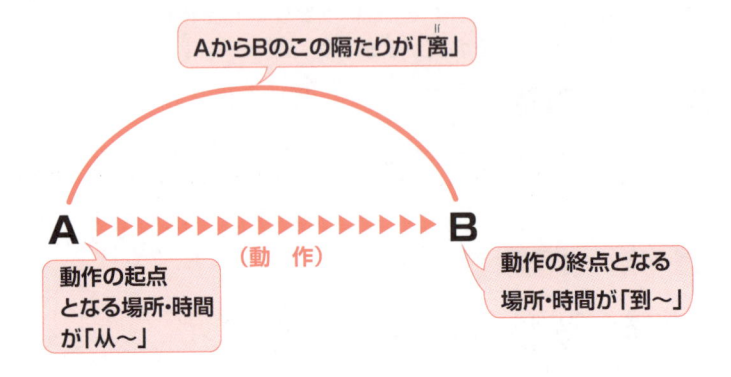

AからBのこの隔たりが「离 lí」

A ▶▶▶▶▶▶▶▶▶▶▶▶▶ B
　　　　　（動　作）

動作の起点となる場所・時間が「从〜」

動作の終点となる場所・時間が「到〜」

「从 cóng」は動作の起点を示す語なので、次のようには使えません。

× 从 出发 还 有 一个 小时。
　 cóng chūfā hái yǒu yíge xiǎoshí.

○ 离 出发 还 有 一个 小时。
　 Lí chūfā hái yǒu yíge xiǎoshí.
出発まであと1時間あります。

「从〜到…」の形で「到 dào」とともに使う場合は、次のように言うことができます。

从 现在 到 出发 时间 还 有 一个 小时。
Cóng xiànzài dào chūfā shíjiān hái yǒu yíge xiǎoshí.
今から出発時間まであと1時間あります。

「从 cóng」「离 lí」の両方を使った例文を見て、その違いを確認しましょう。

离 医院 很 近, 从 我 家 到 医院 就 十分钟 的 路。
Lí yīyuàn hěn jìn, cóng wǒ jiā dào yīyuàn jiù shífēnzhōng de lù.
病院から（まで）近く、私の家から病院まで10分の道のりです。

補充単語

○	房间	fángjiān	部屋
☆	希望	xīwàng	～(するの)を望む
△	踢足球	tīzúqiú	サッカーをする
△	快乐	kuàilè	幸せ・楽しい

UNIT 7　練習問題

1　次の1〜3の中国語と組み合わせて意味が通るものをA〜Cの中から選んでそれぞれ日本語に訳しましょう。

> 　　Xīngqītiān, wǒ hé háizi zài fànguǎn chīfàn.
> A 星期天，我 和 孩子 在 饭馆 吃饭。
> 　　Tā hái zài fángjiān li xuéxí.
> B 他 还 在 房间 里 学习。
> 　　Huǒchēzhàn lí zhèr yuǎn ma?
> C 火车站 离 这儿 远 吗?

　　　Tā zài nǎr ne? Nǐ kànjiàn tā le ma?
1) 他 在 哪儿 呢? 你 看见 他 了 吗?
　　　Hěn jìn. Cóng zhèr zuò chūzūchē, wǔliù fēnzhōng jiù dào le.
2) 很 近。从 这儿 坐 出租车，五六 分钟 就 到 了。
　　　Fúwùyuán, wǒ xiǎng yào bēi rèshuǐ, xièxie nǐ.
3) 服务员，我 想 要 杯 热水，谢谢 你。

1) _____　訳 _____
2) _____　訳 _____
3) _____　訳 _____

2　(　)に入る語をA〜Cの中から選び、完成した文を日本語に訳しましょう。

> 　zài　　cóng　　lí
> A 在　B 从　C 离

　　Wǒmen xuéxiào　　　sì yuè yī hào kāishǐ shàngkè.
1) 我们 学校 (　) 四 月 一 号 开始 上课。
　　Wǒmen gōngsī　　　huǒchēzhàn bú tài yuǎn.
2) 我们 公司 (　) 火车站 不 太 远。
　　Zhāng xiǎojiě　　　zhèr gōngzuò ma?
3) 张 小姐 (　) 这儿 工作 吗?

1) _____　訳 _____
2) _____　訳 _____
3) _____　訳 _____

72

3 文を読んで、★の文が内容と合致する場合は「✓」、合致しない場合は「×」で答えましょう。

1) 从 学校 到 机场，坐 出租车 要 一个 小时，我们 十 点 的 飞机，八 点 从 学校 走，好 吗？
   ★ 他们 坐 八 点 的 飞机。

2) 中国人 喜欢 说 "好好 学习，天天 *¹向上"，意思 是 希望 孩子们 *²从 小 爱 学习，*³多 学 东西。
   ★ 中国人 希望 孩子 多 学习。

3) 我 从 11 岁 开始 踢 足球，已经 踢 了 10 年 了，我 *⁴踢进 了 很 多 球，每次 *⁵进球 *⁶的 时候 我 都 非常 快乐。
   ★ 他 爱 踢 足球。

1) _____   2) _____   3) _____

* 1 向上：向上する
* 2 从 小：小さい頃から
* 3 多：「多＋動詞」で「たくさん～する」
* 4 踢进：けり入れる・シュートを決める（方向補語→UNIT19参照）
* 5 进球：シュートを決める・ゴールする
* 6 的时候：～（の）とき

UNIT 7　解 答

1　介詞を使った文の組み合わせ問題

1) B　他 在 哪儿 呢? 你 看见 他 了 吗?
   Tā zài nǎr ne? Nǐ kànjiàn tā le ma?
   彼はどこにいるの？あなたは彼を見ましたか？
   他 还 在 房间 里 学习。
   Tā hái zài fángjiān li xuéxí.
   彼はまだ部屋で勉強しています。
   「在＋場所＋動詞」

2) C　火车站 离 这儿 远 吗?
   Huǒchēzhàn lí zhèr yuǎn ma?
   駅はここから遠いですか？
   很 近。从 这儿 坐 出租车,五六 分钟 就 到 了。
   Hěn jìn. Cóng zhèr zuò chūzūchē, wǔliù fēnzhōng jiù dào le.
   近いです。ここからタクシーに乗って、5、6分で着きます。
   「从＋動作の起点＋動詞」

3) A　服务员,我 想 要 杯 热水,谢谢 你。
   Fúwùyuán, wǒ xiǎng yào bēi rèshuǐ, xièxie nǐ.
   すみません、お湯をください。どうもありがとう。
   星期天, 我 和 孩子 在 饭馆 吃饭。
   Xīngqītiān, wǒ hé háizi zài fànguǎn chīfàn.
   日曜日、私は子供とレストランでご飯を食べます。
   「在＋場所＋動詞」

実際のHSKではこのように、1人の発話でも、2人の対話でもなく、あるシチュエーションを述べた文とその場面で言うセリフの組み合わせもあるので、注意しましょう。

2　介詞の空所補充問題

1) B　我们 学校（从）四 月 一 号 开始 上课。
   Wǒmen xuéxiào cóng sì yuè yī hào kāishǐ shàngkè.
   私たちの学校は4月1日から始まります。
   「从＋動作の開始時点＋動詞」

2) C　我们 公司（离）火车站 不 太 远。
   Wǒmen gōngsī lí huǒchēzhàn bú tài yuǎn.
   私の会社は駅からあまり遠くありません。
   「主語＋离＋A＋隔たった状態」(主語はAから〜)

3) A　张 小姐（在）这儿 工作 吗?
   Zhāng xiǎojiě zài zhèr gōngzuò ma?
   張さんはここで働いているのですか？
   「在＋場所＋動詞」

3 介詞を使った文の読み取り問題

1) ✗
Cóng xuéxiào dào jīchǎng, zuò chūzūchē yào yíge xiǎoshí, wǒmen shí diǎn de fēijī, bā diǎn cóng xuéxiào zǒu hǎo ma?
从 学校 到 机场，坐 出租车 要 一个 小时，我们 十点 的 飞机，八 点 从 学校 走，好 吗？

学校から空港までタクシーで1時間かかります。私たちは10時の飛行機ですが、8時に学校から行くということでいいですか？

Tāmen zuò bā diǎn de fēijī.
★ 他们 坐 八 点 的 飞机。

彼らは8時の飛行機です。

2) ✓
Zhōngguórén xǐhuān shuō "hǎohao xuéxí, tiāntiān xiàngshàng", yìsi shì xīwàng háizimen cóng xiǎo ài xuéxí, duō xué dōngxi.
中国人 喜欢 说"好好 学习，天天 向上"，意思 是 希望 孩子们 从 小 爱 学习，多 学 东西。

中国人は「しっかり勉強して、日々向上する」と言うのが好きです。意味は子供たちが小さい頃から学ぶことを好み、物事をたくさん学ぶのを望んでいるということです。

Zhōngguórén xīwàng háizi duō xuéxí.
★ 中国人 希望 孩子 多 学习。

中国人は子供たちがたくさん学ぶのを望んでいます。

3) ✓
Wǒ cóng shíyīsuì kāishǐ tī zúqiú, yǐjīng tī le shínián le, wǒ tījìn le hěn duō qiú, měicì jìnqiú de shíhou wǒ dōu fēicháng kuàilè.
我 从 11岁 开始 踢 足球，已经 踢 了 10年 了，我 踢进 了 很 多 球，每次 进球 的 时候 我 都 非常 快乐。

私は11歳からサッカーを始め、すでに10年になりました。たくさんのシュートを決めましたが、毎回シュートを決める時、私はとても幸せです。

Tā ài tī zúqiú.
★ 他 爱 踢 足球。

彼はサッカーをするのが好きです。

UNIT 8 中国語の前置詞 ～介詞（2）～

t2Q-10-U8

Wǒ bǐ nǐ dà liǎngsuì.
我 比 你 大 两 岁。

私はあなたより2歳年上です。

日本語の「て、に、を、は」に当たる介詞で、特に重要なものに、比較の「比」があります。ここでは比較表現を中心に、2級で出題されるその他の介詞、方向や対象を示すものを学びます。

覚えておきたい基本単語

○	比	bǐ	～より…である
○	房间	fángjiān	部屋
○	觉得	juéde	～だと思う
○	唱	chàng	歌う
△	向	xiàng	～へ・～に
☆	对	duì	～にとって・～に対して
○	身体	shēntǐ	体
	介绍	jièshào	紹介する
	事情	shìqing	事情・こと・ことがら
	一些	yìxiē	少し・わずかの

POINT 1 比較や対象、方向を表す介詞

「比(bǐ)」は、比較を表す介詞です。まずは構文の形を覚えて理解しましょう。対象、方向を示す介詞は、「介詞＋名詞」の形で、それぞれの意味を示します。これらは、それぞれの介詞の意味を理解して、実際に使えるようにしましょう。

● 比較を表す介詞

● 「比」の使い方

「A＋比(bǐ)＋B＋形容詞」の形で「AはBより～である」というように、2つのものを比較する文を作ることができます。

[A] ＋ 比 ＋ [B] ＋ [形容詞]

Wǒmen de fángjiān bǐ háizi de dà.
我们 的 房间 比 孩子 的 大。
私たちの部屋は子供のよりも大きいです。

[A] ＋ 比 ＋ [B] ＋ [形容詞]

Wǒ juéde nàjiàn hóng de yīfu bǐ zhèjiàn hǎo.
我 觉得 那件 红 的 衣服 比 这件 好。
私はあの赤い服の方がこれよりもいいと思います。

● 比較の否定

比較の文を否定するときは「比(bǐ)」を「没有(méiyou)」に代えて表現します。「A＋没有＋B＋形容詞」で「AはBほど～ではない」という意味になります。

【肯定文】 [A]＋比＋[B] ＋ [形容詞]

Wǒ bǐ jiějie chàng de hǎo.
我 比 姐姐 唱 得 好。※
私は姉よりも歌うのがうまいです。

※ 「動詞＋得(de)＋形容詞」で、「～するのが…」と動詞の状態を後ろの形容詞が修飾します。「得(de)＋形容詞」の部分を様態補語といいます。(→UNIT19参照)

【否定文】 [A]＋没有＋[B] ＋ [形容詞]

Wǒ méiyǒu jiějie chàng de hǎo.
我 没有 姐姐 唱 得 好。
私は姉ほど歌うのがうまくありません。

● 「AはBより差量だけ〜である」と両者の差を言う表現

A + 比 + B + 形容詞 + 差量

<u>Cháng jiāng</u> <u>bǐ</u> <u>Huáng hé</u> <u>cháng</u> <u>bā bǎi</u> <u>gōng lǐ</u>.
长江 比 黄河 长 八百 *公里。
長江は黄河より800キロ長いです。
*公里（4級）：キロメートル

対象・方向などを表す介詞

2級では、ほかにも方向や学んだり借りたりする相手を表す「向（〜へ・〜に）」、対象を表す「对（〜にとって・対して）」「给（〜に）」が出題されます。これらは、「介詞＋名詞」の形で使われます。それぞれの例文を確認して用例を理解しましょう。

● 「向」：〜へ

<u>Xiàng</u> <u>qián</u> <u>zǒu</u> <u>jiù</u> <u>shì</u> <u>wǒ</u> <u>jiā</u>.
向 前 走 就 是 我 家。
前へ行くとすぐそこが私の家です。

<u>Wǒ</u> <u>xiàng</u> <u>tóngxué</u> <u>jiè</u> <u>le</u> <u>yìběn</u> <u>shū</u>.
我 向 同学 借 了 一本 书。
私はクラスメイトに1冊の本を借りました。

> ※ 中国語「借（3級）」は「借りる」と「貸す」の2つの意味があります。
> ・「借りる」の意味になる場合：「借」が単独で使われているとき。
> ・「貸す」の意味になる場合：「借给〜」の形で表現されるとき。

● 「对」：〜にとって・対して

<u>Lǎoshī</u> <u>duì</u> <u>wǒmen</u> <u>hěn</u> <u>hǎo</u>.
老师 对 我们 很 好。
先生は私たちに対してとてもいいです。

<u>Hē</u> <u>jiǔ</u> <u>duì</u> <u>shēntǐ</u> <u>bù</u> <u>hǎo</u>.
喝 *酒 对 身体 不 好。
酒を飲むことは体に（とって）よくないです。
*酒（3級）：酒

● 「给」：〜に

<u>Wǒ</u> <u>gěi</u> <u>nǐ</u> <u>jièshào</u> <u>Zhōngguó</u> <u>de</u> <u>shìqing</u>.
我 给 你 介绍 中国 的 事情。
私はあなたに中国の事情を紹介します。

HSKの例文　行動の意味を問う聴解問題

これは聴解第4部分の問題です。会話を聞いて、それについて最後に内容に関する質問をする問題です。

男女が市場でリンゴを買っています。女性は果物は身体にいいと言いながら、男性がたくさん買おうとすると何と言ったでしょうか。今回学んだ介詞「对」（～にとって）に注意して聞いてみましょう。

男：Píngguǒ hěn piányi, wǒmen mǎi yìxiē ba.
　　苹果 很 便宜，我们 买 一些 吧。
女：Mǎi, duō chī shuǐguǒ duì shēntǐ hǎo.
　　买，*¹多 吃 水果 对 身体 好。
男：Nà duō mǎi jǐ jīn?
　　那 多 买 几 斤？
女：Bié mǎi tài duō, mǎi jǐ jīn jiù kěyǐ le.
　　*²别 买 太 多，买 几 斤 *³就 *⁴可以 了。
问：Nǚ de shì shénme yìsi?
　　女 的 是 什么 意思？

　　duō mǎi xiē　　　　shǎo mǎi xiē　　　　bié mǎi le
A 多买些　　B 少买些　　C 别买了

*1 多 duō：（動詞の前に置いて）たくさん～する　　*2 别 bié：～しないで・するな（禁止→UNIT17参照）
*3 就 jiù：（前に仮定の内容を置いて）～したら　　*4 可以 kěyǐ：よろしい

【答え】　B （少し買う）

男：リンゴがとても安いです、少し買いましょう。
女：買いましょう。果物をたくさん食べるのは身体にいいです。
男：それでは多めに買いましょうか？
女：買いすぎてはいけません。数斤買えば充分です。
问：女性が言ったのはどんな意味ですか？

補充単語

○	晚上	wǎnshang	夜
☆	要	yào	～しなければならない（→UNIT10参照）「要」は多義語なので、1つ1つ確認して正確に訳せるようにしましょう。
	大人	dàrén	大人
○	高	gāo	（高さが）高い
	左	zuǒ	左
△	进	jìn	入る
	旁边	pángbiān	隣・横
	好吃	hǎochī	（食べ物が）おいしい
	因为	yīnwèi	～なので（複文→UNIT20参照）

UNIT 8　練習問題

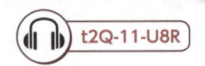

聞き取りトレーニング

1　会話を聞いて、質問に中国語で答えましょう。

【問】　Tāmen shénme shíhou qù kàn diànyǐng?
　　　他们 什么 时候 去 看 电影?

＊dào
到：〜して手に入れる（結果補語→UNIT19参照）

音声内容

1
男：Mǎi dào diànyǐng piào le? Jīntiān wǎnshang de?
　　买 ＊到 电影 票 了? 今天 晚上 的?

女：Méi yǒu, shì míngtiān de. Dànshì bǐ jīntiān de piányi sìshí kuài qián.
　　没 有, 是 明天 的。但是 比 今天 的 便宜 四十 块 钱。

解 答　UNIT 8

1　比較の「比」を使った会話文の聞き取り問題

【答え】　明天（明日）

男：映画のチケットは買いましたか？　今日の夜のですか？
女：いいえ、明日のです。しかし今日のよりも40元安かったです。
問：彼らはいつ映画を見に行きますか？

「Ａ　＋比＋　Ｂ　＋　形容詞　＋　差量」という比較の文に気をつけて、内容を確認しましょう。
　　　　比　今天的　　便宜　　四十块钱
ここではＡ（明天的票）が省略されています。

UNIT 8　練習問題

1　次の1〜3の中国語と組み合わせて意味が通るものをA〜Cの中から選んでそれぞれ日本語に訳しましょう。

> A 我们 要 向 他 学习！
> 　Wǒmen yào xiàng tā xuéxí!
>
> B 医生 说 大人 一天 可以 吃 四次。
> 　Yīshēng shuō dàrén yìtiān kěyǐ chī sìcì.
>
> C 但是，你 没有 他 高。
> 　Dànshì, nǐ méiyǒu tā gāo.

1) 你 比 他 大 一 岁。
　　Nǐ bǐ tā dà yí suì.

2) 太 多 了 吧？ 这 是 药！
　　Tài duō le ba? Zhè shì yào!

3) 他 两年 的 时间 里，写 了 三 本 书。
　　Tā liǎngnián de shíjiān li, xiě le sān běn shū.

1) _____　訳 _____

2) _____　訳 _____

3) _____　訳 _____

2　(　)に入る語をA〜Dの中から選び、完成した文を日本語に訳しましょう。

> A 比　　B 对　　C 给　　D 向
> 　bǐ　　　duì　　　gěi　　　xiàng

1) 老师（　　）我 很 好。
　　Lǎoshī　　　　wǒ hěn hǎo.

2) 前面（　　）左 走。
　　Qiánmiàn　　zuǒ zǒu.

3) 小 李 的 房间（　　）我 的 大。
　　Xiǎo Lǐ de fángjiān　　wǒ de dà.

1) _____　訳 _____

2) _____　訳 _____

3) _____　訳 _____

3 文を読んで、★の文が内容と合致する場合は「✓」、合致しない場合は「×」で答えましょう。

1) 火车站 离 这儿 不 远，向 前面 走 5分钟 就 到 了。
   ★ 从 这儿 到 火车站 不 近。

2) 您 请 进，这 就 是 我 的 家。这个 房间 是 我 和 我 丈夫 的，旁边 那个 小 的 是 孩子 的 房间。
   ★ 我们 的 房间 比 孩子 的 大。

3) 他 做 的 菜 比 我 做 的 好吃，但是 因为 工作 忙，他 很 少 做。
   ★ 他 不 会 做 菜。

1) _____   2) _____   3) _____

UNIT 8 解 答

1 介詞を使った文の組み合わせ問題

1) C　你 比 他 大 一 岁。
Nǐ bǐ tā dà yí suì.
あなたは彼より1歳年上です。

但是，你 没有 他 高。
Dànshì, nǐ méiyǒu tā gāo.
しかし、あなたは彼ほど背が高くありません。
「A＋比＋B＋形容詞＋差量」、「A＋没有＋B」

2) B　太 多 了 吧? 这 是 药!
Tài duō le ba? Zhè shì yào!
多すぎるでしょう？これは薬ですよ！

医生 说 大人 一天 可以 吃 四次。
Yīshēng shuō dàrén yìtiān kěyǐ chī sìcì.
医者が大人は1日4回飲んでもいいと言いました。

3) A　他 两年 的 时间 里, 写 了 三 本 书。
Tā liǎngnián de shíjiān li, xiě le sān běn shū.
彼は2年間の時間の中で、3冊の本を書きました。

我们 要 向 他 学习!
Wǒmen yào xiàng tā xuéxí!
私たちは彼に学ばなければなりません！
「向＋名詞」：〜へ・〜に　方向を示す介詞「向」の使い方に注意しましょう。

2 介詞の空所補充問題

1) B　老师 (对) 我 很 好。
Lǎoshī duì wǒ hěn hǎo.
先生は私に対してとてもいいです。

2) D　前面 (向) 左 走。
Qiánmiàn xiàng zuǒ zǒu.
前を左に行ってください(行きます)。

3) A　小 李 的 房间 (比) 我 的 大。
Xiǎo Lǐ de fángjiān bǐ wǒ de dà.
李さんの部屋は私のより大きいです。
「A＋比＋B＋形容詞」で「AはBより〜である」

3 介詞を使った文の読み取り問題

1) ✗ Huǒchēzhàn lí zhèr bù yuǎn, xiàng qiánmiàn zǒu wǔfēnzhōng jiù dào le.
火车站 离 这儿 不 远, 向 前面 走 5分钟 就 到 了。
駅はここから遠くありません。前方へ行くと５分で着きます。

　　Cóng zhèr dào huǒchēzhàn bú jìn.
★ 从 这儿 到 火车站 不 近。
ここから駅まで近くありません。

2) ✓ Nín qǐng jìn, zhè jiù shì wǒ de jiā. Zhège fángjiān shì wǒ hé wǒ
您 请 进, 这 就 是 我 的 家。这个 房间 是 我 和 我
zhàngfu de, pángbiān nàge xiǎo de shì háizi de fángjiān.
丈夫 的, 旁边 那个 小 的 是 孩子 的 房间。
どうぞお入りください、これが私の家です。この部屋は私と夫ので、隣のあの小さいのが子供の部屋です。

　　Wǒmen de fángjiān bǐ háizi de dà.
★ 我们 的 房间 比 孩子 的 大。
私たちの部屋は子供のよりも大きいです。

3) ✗ Tā zuò de cài bǐ wǒ zuò de hǎochī, dànshì yīnwèi gōngzuò máng,
他 做 的 菜 比 我 做 的 好吃, 但是 因为 工作 忙,
tā hěn shǎo zuò.
他 很 少 做。
彼が作る料理は私が作るのよりもおいしいです。しかし仕事が忙しいので、彼はたまにしか作りません。

　　Tā bú huì zuò cài.
★ 他 不 会 做 菜。
彼は料理を作ることができません。

「会」は１級から出題される能願動詞です（→UNIT9参照）。

UNIT 9 中国語の助動詞 ～能願動詞（1）～

t2Q-12-U9

Wǒ huì tiàowǔ.
我 会 跳舞。

私は踊りを踊ることができます。

中国語にも、動詞の前に置いて、可能（〜できる）、願望（〜したい）、義務（〜しなければならない）、確実性（〜はずである）などの意味を付け加える助動詞のような働きをするものがあります。それらを能願動詞といいます。
このUNITでは、2級でよく出題される能願動詞のうち、可能を表すものを中心に学びます。

覚えておきたい基本単語

○	哥哥	gēge	兄
○	跳舞	tiàowǔ	踊りを踊る
☆	希望	xīwàng	〜（するの）を望む
	回答	huídá	答える・答え
	帮助	bāngzhù	助ける・援助
	问题	wèntí	問題
☆	可以	kěyǐ	〜できる・〜してもよい
○	一起	yìqǐ	一緒に
☆	最	zuì	最も
☆	可能	kěnéng	可能性がある・おそらく

POINT 1 3つの「できる」

中国語では可能を示す能願動詞は、意味する内容により3つに大別できます。
それぞれの意味の違いや能願動詞の使い方を確認しましょう。
能願動詞は基本的に動詞の前に置きます。

(1) 習得して「できる」

技術的なことで、その習得のための学習などの結果、「できる」ようになったことに対しては「会」を使います。

会 + [動詞]

Wǒ huì shuō Hànyǔ.
我 会 说 汉语。
私は中国語を話すことができます。

不 + 会 + [動詞]

Tā bú huì zuò cài.
他 不 会 做 菜。
彼は料理を作ることができません。

(2) 能力が備わっていて「できる」

能力があらかじめ備わっていて「できる」という意味では主に「能」を使います。

能 + [動詞]

Tā yíge xiǎoshí néng kàn zhè xiē shū.
她 一 个 小 时 能 看 这 些 书。
彼女は1時間でこれらの本を読むことができます。

(3) ある条件の下で「できる」

ある条件の下で可能であるという意味、つまり「〜してよい」という許可の意味を表すには、主に「可以」を使います。

可以 + [動詞]

Shíjiān bù zǎo le, wǒmen kěyǐ huíjiā ma?
时 间 不 早 了, 我 们 可 以 回 家 吗?
時間も遅くなりましたので、私たちは家に帰ってもいいですか？

習得した結果「できる」という意味では、ほとんど「会」を使いますが、「能」「可以」は意味が似ているため、それぞれ(2)(3)の両方の意味で使われることもあります。そのため、訳すときは文脈に沿って、どの意味で使われているのかを考えながら訳すようにしましょう。

HSKの例文 — 能願動詞の訳し方

以下の文を可能の能願動詞の意味に気をつけて訳してみましょう。

① 哥哥 什么 时候 能 从 中国 回来？
　　Gēge shénme shíhou néng cóng Zhōngguó huílái?

② 这些 题 你 什么 时候 能 *¹做完？
　　Zhèxiē tí nǐ shénme shíhou néng zuòwán?

③ 希望 我 的 回答 能 对 你 *²有 帮助。
　　Xīwàng wǒ de huídá néng duì nǐ yǒu bāngzhù.

④ 我 希望 她 能 *³和 您 学 跳舞，可以 吗？
　　Wǒ xīwàng tā néng hé nín xué tiàowǔ, kěyǐ ma?

⑤ 我 的 车 出 问题 了，你们 能 来 *⁴帮 我 看 一下 吗？
　　Wǒ de chē chū wèntí le, nǐmen néng lái bāng wǒ kàn yíxià ma?

⑥ 我 一天 就 可以 回来。
　　Wǒ yìtiān jiù kěyǐ huílái.

⑦ A：对不起，我 不 能 和 你 一起 去 买 自行车 了。
　　　Duìbuqǐ, wǒ bù néng hé nǐ yìqǐ qù mǎi zìxíngchē le.
　　B：没 关系，我 知道 你 很 忙。
　　　Méi guānxi, wǒ zhīdào nǐ hěn máng.

* 1　完：～し終える（結果補語→UNIT19参照）
　　　wán
* 2　有 帮助：役立つ
　　　yǒu bāngzhù
* 3　能願動詞がかかる動詞（ここでは「学」）を詳しくする介詞フレーズなどの要素（「和您（あなたと）」）があればその前に能願動詞を置きます。
* 4　「帮＋A＋動詞」で「Aを手伝って／助けて（一緒に・代わりに）～する」
　　　bāng

【答え】

① お兄さんはいつ中国から帰って来ることができますか？

② これらの問題をあなたはいつやり終えることができますか？

③ 私の答えがあなたにとって役立つことができるよう望んでいます。

④ 私は彼女があなたと踊りを学ぶことができるよう望んでおりますが、よろしいですか？

⑤ 私の車は問題が起きました。あなたたちはちょっと見に来てくれませんか？

⑥ 私は1日で帰ってくることができます。

⑦ A：すみません、私はあなたと一緒に自転車を買いに行くことができなくなりました。
　　B：大丈夫です。私はあなたがとても忙しいことを知っています。

HSKの例文 — 場面を想像する聴解問題

聴解の第４部分からの問題です。会話をしている場所がどこかを問う問題です。

女：吃药了吗? 现在 身体 怎么样?
　　Chī yào le ma? Xiànzài shēntǐ zěnmeyàng?

男：吃了。现在 好 *¹ 多 了。
　　Chī le. Xiànzài hǎo duō le.

女：什么 时候 可以 *² 出院?
　　Shénme shíhou kěyǐ chūyuàn?

男：医生 说 下 个 星期。
　　Yīshēng shuō xià ge xīngqī.

问：他们 最 可能 在 哪儿?
　　Tāmen zuì kěnéng zài nǎr?

*１　～多了 duō le：ずっと～になった
*２　出院 chūyuàn：退院する

【答え】　医院 yīyuàn （病院）

女：薬を飲みましたか？今身体はどうですか？
男：飲みました。今ずっとよくなりました。
女：いつ退院できますか？
男：医者は来週と言っています。
問：彼らはどこにいる可能性が最もありますか？

● ポイント！

会話を聞いて、２人はどこにいるのかという状況を尋ねる問題はしばしば出題されます。会話の内容を聞き取るとともに、それが具体的にどこでどのような状況で話されているのかも想像しながら聞くようにしましょう。問いの文はたいがい、「他们 最 可能 在 哪儿? Tāmen zuì kěnéng zài nǎr?」が使われます。この文も何度も聞いて、意味を聞き取れるようにしておきましょう。

補充単語

	歌	gē	歌（「唱歌」で歌を歌う）
△	生病	shēngbìng	病気になる
○	正在	zhèngzài	ちょうど～している（→ UNIT14 参照）
	房子	fángzi	家
	每天	měitiān	毎日
	起床	qǐchuáng	起きる
	考试	kǎoshì	試験・テスト

UNIT 9　練習問題

1　次の1〜3の中国語と組み合わせて意味が通るものをA〜Cの中から選んでそれぞれ日本語に訳しましょう。

1) 这个 西瓜 (Zhège xīguā)
2) 小张 会 (XiǎoZhāng huì)
3) 你 什么 时候 (Nǐ shénme shíhòu)

A 唱 中国 歌 (chàng Zhōngguó gē)
B 能 来 我们 公司 (néng lái wǒmen gōngsī)
C 可以 四 个 人 吃 (kěyǐ sì ge rén chī)

1) _____　訳 _____
2) _____　訳 _____
3) _____　訳 _____

2　(　)に入る語をA〜Dの中から選び、完成した文を日本語に訳しましょう。

A 会 (huì)　B 向 (xiàng)　C 能 (néng)　D 可以 (kěyǐ)

1) 我 希望 和 你 一起 学习 汉语,（　）吗? (Wǒ xīwàng hé nǐ yìqǐ xuéxí Hànyǔ, ma?)
2) 我 不（　）做 饭。 (Wǒ bu zuò fàn.)
3) 我 生病 了, 今天 不（　）去 学校 了。 (Wǒ shēngbìng le, jīntiān bu qù xuéxiào le.)

1) _____　訳 _____
2) _____　訳 _____
3) _____　訳 _____

3 文を読んで、★の文が内容と合致する場合は「✓」、合致しない場合は「×」で答えましょう。

1) _{Wǒ de yíge péngyou zhèngzài zhǎo fángzi, xīwàng zài gōngsī fùjìn zhù,}
   我 的 一个 朋友 正在 找 房子, 希望 在 公司 *¹附近 住,
   _{zhèyàng tā měitiān zǎoshang jiù kěyǐ qī diǎn qǐchuáng, bǐ xiànzài duō shuì}
   这样 他 每天 早上 就 可以 七点 起床, 比 现在 多 睡
   _{yíge xiǎoshí.}
   一个 小时。
   　　_{Péngyou xiànzài měitiān qī diǎn qǐchuáng.}
   ★ 朋友 现在 每天 七点 起床。

2) _{Wǒ búhuì shuō Hànyǔ, Běntián huì shuō Hànyǔ, tā néng cānjiā Hànyǔ shuǐpíng}
   我 不会 说 汉语, 本田 会 说 汉语, 她 能 *²参加 汉语 *³水平
   _{kǎoshì.}
   考试。
   　　_{Běntián bùkěyǐ cānjiā Hànyǔ shuǐpíng kǎoshì.}
   ★ 本田 不可以 参加 汉语 水平 考试。

3) _{Tā zài huǒchēzhàn gōngzuò, měitiān dōu hěn máng, dàn tā hěn shǎo shuō}
   他 在 火车站 工作, 每天 都 很 忙, *⁴但 他 *⁵很 少 说
   _{lèi, tā juéde néng bāngzhù rénmen shì tā zuì dà de kuàilè.}
   累, 他 觉得 能 帮助 人们 是 他 最 大 的 快乐。
   　　_{Tā hěn xǐhuan tā de gōngzuò.}
   ★ 他 很 喜欢 他 的 工作。

1) _____　2) _____　3) _____

*1 附近（3級）：〜の近く
*2 参加（3級）：参加する・受験する
*3 水平（3級）：標準・水準
*4 但：しかし
*5 「很少+動詞（句）」で「ほとんど〜ない・〜することが少ない」

UNIT 9　解答

1　能願動詞を使った文の組み合わせ問題

1) C　Zhège xīguā kěyǐ sì ge rén chī.
   这个 西瓜 可以 四 个 人 吃。
   このスイカは4人で食べられます。

2) A　Xiǎo Zhāng huì chàng Zhōngguógē.
   小 张 会 唱 中国歌。
   張さんは中国の歌を歌うことができます。

3) B　Nǐ shénme shíhou néng lái wǒmen gōngsī?
   你 什么 时候 能 来 我们 公司？
   あなたはいつ私たちの会社に来ることができますか？

2　能願動詞の空所補充問題

1) D　Wǒ xīwàng hé nǐ yìqǐ xuéxí Hànyǔ, kěyǐ ma?
   我 希望 和 你 一起 学习 汉语,（可以）吗？
   私はあなたと一緒に中国語を勉強したいですが、いいですか？

2) A　Wǒ bú huì zuò fàn.
   我 不（会）做 饭。
   私は料理を作ることができません。

3) C　Wǒ shēngbìng le, jīntiān bù néng qù xuéxiào le.
   我 生病 了, 今天 不（能）去 学校 了。
   私は病気になりました。今日は学校へ行くことができなくなりました。

3 能願動詞を使った文の読み取り問題

1) ✗
Wǒ de yíge péngyou zhèngzài zhǎo fángzi, xīwàng zài gōngsī fùjìn zhù,
我 的 一个 朋友 正在 找 房子，希望 在 公司 附近 住，
zhèyàng tā měitiān zǎoshang jiù kěyǐ qī diǎn qǐchuáng, bǐ xiànzài duō
这样 他 每天 早上 就 可以 七 点 起床，比 现在 多
shuì yíge xiǎoshí.
睡 一个 小时。
私のある友達はちょうど家を探していて、会社の近くに住むことを望んでいます。このようにすれば彼は毎朝7時に起きることができ、今より1時間多く寝ることができます。

　　Péngyou xiànzài měitiān qī diǎn qǐchuáng.
★朋友 现在 每天 七 点 起床。
友達は現在、毎朝7時に起きます。

2) ✗
Wǒ búhuì shuō Hànyǔ, Běntián huì shuō Hànyǔ, tā néng cānjiā Hànyǔ
我 不会 说 汉语，本田 会 说 汉语，她 能 参加 汉语
shuǐpíng kǎoshì.
水平 考试。
私は中国語を話すことができませんが、本田さんは中国語を話すことができます。彼女はＨＳＫを受験できます。

　　Běntián bùkěyǐ cānjiā Hànyǔ shuǐpíng kǎoshì.
★本田 不可以 参加 汉语 水平 考试。
本田さんはＨＳＫを受験できません。

3) ✓
Tā zài huǒchēzhàn gōngzuò, měitiān dōu hěn máng, dàn tā hěn shǎo shuō
他 在 火车站 工作，每天 都 很 忙，但 他 很 少 说
lèi, tā juéde néng bāngzhù rénmen shì tā zuì dà de kuàilè.
累，他 觉得 能 帮助 人们 是 他 最 大 的 快乐。
彼は駅で働いていて、毎日とても忙しいですが、彼は疲れたと言うことが少ない（ほとんどない）です。彼は人々を助けることができるのは最大の幸せだと思っています。

　　Tā hěn xǐhuan tā de gōngzuò.
★他 很 喜欢 他 的 工作。
彼は自分の仕事がとても好きです。

UNIT 10

中国語の助動詞
～能願動詞（2）～

t2Q-13-U10

> Shíjiān bù zǎo le, tā bú huì lái le.
> # 时间不早了，他不会来了。
>
> 遅くなったので、彼は来ないでしょう。

前のUNITでは、能願動詞の中でも、可能を表すものを中心に学びました。
このUNITでは、願望・義務・確実性を表す能願動詞について学びます。

覚えておきたい基本単語

△	妹妹	mèimei	妹
	公共汽车	gōnggòng qìchē	バス
○	报纸	bàozhǐ	新聞
△	生病	shēngbìng	病気になる（「病」は病気）
○	休息	xiūxi	休む
	阴	yīn	曇る（「阴天」は曇り）
△	雪	xuě	雪（「下雪」で雪が降る）
	后天	hòutiān	明後日

POINT 1 大活躍の「要」とほかの能願動詞

能願動詞「要」は多義語で、文脈によってその意味を理解しなければなりません。「要」の意味として「〜しなければならない（当然・義務）」「〜のはずである（確実性）」というものがありますが、「要」のほかにもこれらの意味で使われる能願動詞があります。ここではそれらの用法について学びます。

（1）願望の「要」 〜したい

「要」には「〜したい」という願望を表す使い方があります。この場合、「想」と置き換えることも可能です。

要 / 想 ＋ 動詞

Mèimei yào qù Běijīng xuéxí Hànyǔ.
妹妹 要 去 北京 学习 汉语。
妹は北京へ行って中国語を勉強したがっています。

要 / 想 ＋ 動詞

Tā yào chī píngguǒ.
她 要 吃 苹果。
彼女はリンゴを食べたがっています。

上の2つの例文は、前後の文脈で、それぞれ「妹は北京へ行って中国語を勉強しなければならない（するはずである）」「彼女はリンゴを食べなければならない（食べるはずである）」と訳すこともできます。「要」は多義語なので、状況を理解した上で正確に訳すようにしましょう。

● 願望の「要」の否定文

「〜したくない」という意味を表すときは、「不要」ではなく、「不想」を使わなければなりません。

不想 ＋ 動詞

Tā bùxiǎng chī píngguǒ.
她 不想 吃 苹果。
彼女はリンゴを食べたがっていません。

基本的に「不要」は「〜してはいけない」とう意味だけで使われ、「〜したくない」という意味にはなりません。

Tā búyào chī píngguǒ.
她 不要 吃 苹果。
彼女はリンゴを食べてはいけません。

Búyào zài gōnggòngqìchē shang kàn shū, kàn bàozhǐ.
不要 在 公共汽车 上 看 书, 看 报纸。
バスで本を読んだり、新聞を読んだりしてはいけません。

（2）義務の「要」　〜しなければならない

「要」には「〜しなければならない」という義務を表す使い方もあります。

要 ＋ 動詞

Jīntiān yào zuò wǎnfàn.
今天 要 做 晚饭。
今日は夕飯を作らなければなりません。

「要」は自分からすすんで「〜しなければならない・〜するつもりである」というニュアンスのときに使われることが多いです。

要 ＋ 動詞

Nǐ shēngbìng le, yào duō hē shuǐ, duō xiūxi.
你 生病 了，要 多 喝 水，多 休息。
あなたは病気になったのだから、たくさん水を飲んで、たくさん休まなければなりません。

● 義務の「要」の否定文

「〜しなければならない」という意味の「要」の否定文（「しなくてもいい」）は「不用（3級）」を使います。

（3）確実性の「要」と「会」　〜のはずである

「要」には予測や推測を表す「〜のはずである」という意味があります。「会」も「（習得して）できる」という意味のほかに、「〜のはずである」という意味があります。

要/会 ＋ 動詞

Tiān yīn le, kěnéng yào xiàxuě.
天 阴 了，可能 要 下雪。
曇ってきました。おそらく雪が降るでしょう。

※「可能」は発展で学びます。

会：「〜はずである」の最も基本的な能願動詞。
要：主観的な判断を述べたいときに使います。

● ～はずであるの「要」の否定文
「～はずである」という意味の否定文は「不会（～のはずはないであろう）」を用います。「要」の否定文でも「不会」となります。

不会 ＋ 動詞

Hòutiān búhuì xià yǔ.
后天 不会 下 雨。
明後日は雨は降らないでしょう。

発 展 可能性の「可能」

「可能」は「～かもしれない」という意味を表します。確実性を表す「要」や「会」と一緒に用いられることも多いです。

Wàimiàn yīntiān, kěnéng huì xià yǔ.
外面 阴天, 可能 会 下 雨。
外は曇りなので、おそらく雨が降るでしょう。

＊ Tāmen zuì kěnéng zài nǎr?
他们 最 可能 在 哪儿？
彼らはどこにいる可能性が最もありますか？

✽ この文はHSKの聴解でよく出てくる質問です。会話を聞いて、その場所がどこなのかを尋ねる問題です。しばしば耳にする文なので、聞き慣れておきましょう。

● 能願動詞のまとめ

意　味	能願動詞	否 定 形
可能（～できる）	huì néng kěyǐ 会・能・可以	búhuì bùnéng bùkěyǐ 不会・不能・不可以
願望（～したい）	xiǎng yào 想・要	bùxiǎng 不想
義務（～しなければならない）	yào 要	búyòng 不用（3級）
確実性（～はずである）	yào huì 要・会	búhuì 不会

補充単語

☆	快	kuài	「快～了」でもうすぐ～（→ UNIT16 参照）
△	玩儿	wánr	遊ぶ
	好喝	hǎohē	（飲み物が）おいしい

UNIT 10　練習問題

1　次の1～3の中国語と組み合わせて意味が通るものをA～Cの中から選んでそれぞれ日本語に訳しましょう。

1）　Tiānqì hěn lěng
　　天气 很 冷

2）　Xiǎo Zhào kěnéng
　　小 赵 可能

3）　Kuài dào shíjiān le
　　快 到 时间 了

A　yǐjīng huí jiā le
　已经 回 家 了
B　wǒ yào zuò fàn le
　我 要 做 饭 了
C　huì xiàxuě
　会 下雪

1) _____　訳 _____

2) _____　訳 _____

3) _____　訳 _____

2　次の中国語を日本語に訳しましょう。

1）　Wǒ měige xīngqīyī dào xīngqīwǔ yào shàngbān.
　　我 每个 星期一 到 星期五 要 上班。

2）　Wǒmen yào xiàng nǐ xuéxí.
　　我们 要 向 你 学习。

3）　Xiàwǔ bú huì xià yǔ.
　　下午 不 会 下 雨。

1) 訳 _____

2) 訳 _____

3) 訳 _____

3 文を読んで、★の文が内容と合致する場合は「✓」、合致しない場合は「×」で答えましょう。

1) 我 妈妈 去 北京 旅游。她 去 玩儿 一个 星期，八 月 三 号 回来 了。明天 开始 上班，今天 要 多 休息。
   Wǒ māma qù Běijīng lǚyóu. Tā qù wánr yíge xīngqī, bā yuè sān hào huílai le. Míngtiān kāishǐ shàngbān, jīntiān yào duō xiūxi.
   ★ 她 八 月 三 号 去 北京。
   Tā bā yuè sān hào qù Běijīng.

2) 我 爸爸 不 爱 喝 咖啡，他 喜欢 喝 茶，每天 上午 都 会 喝 几 杯 热茶。
   Wǒ bàba bú ài hē kāfēi, tā xǐhuan hē chá, měitiān shàngwǔ dōu huì hē jǐ bēi rèchá.
   ★ 爸爸 觉得 茶 不 好 喝。
   Bàba juéde chá bù hǎo hē.

3) 跳舞 是 一件 *让 人 快乐 的 事情，每天 下课 后 我 都 会 和 朋友们 去 跳舞。
   Tiàowǔ shì yíjiàn ràng rén kuàilè de shìqing, měitiān xiàkè hòu wǒ dōu huì hé péngyoumen qù tiàowǔ.
   ★ 我 爱 跳舞。
   Wǒ ài tiàowǔ.

1) _____ 2) _____ 3) _____

*让 *ràng*：「让+人+～」で「人に～させる」という意味（使役→UNIT17 参照）。

99

UNIT 10 解 答

1 能願動詞を使った文の組み合わせ問題

1) C　天气 很 冷，会 下雪。
   Tiānqì hěn lěng, huì xiàxuě.
   寒いので、雪が降るでしょう。

2) A　小 赵 可能 已经 回 家 了。
   Xiǎo Zhào kěnéng yǐjīng huí jiā le.
   趙さんはおそらくすでに家に帰ったでしょう。

3) B　快 到 时间 了，我 要 做 饭 了。
   Kuài dào shíjiān le, wǒ yào zuò fàn le.
   もうすぐ時間になりますので、私はご飯を作らなければなりません。

2 能願動詞の訳の問題

1) 我 每个 星期一 到 星期五 要 上班。
   Wǒ měige xīngqīyī dào xīngqīwǔ yào shàngbān.
   私は毎週月曜日から金曜日まで出勤しなければなりません。

2) 我们 要 向 你 学习。
   Wǒmen yào xiàng nǐ xuéxí.
   私たちはあなたに学ばなければなりません。

3) 下午 不会 下雨。
   Xiàwǔ búhuì xiàyǔ.
   午後雨は降らないでしょう。

3 能願動詞を使った文の読み取り問題

1) ✗ <ruby>我<rt>Wǒ</rt></ruby> <ruby>妈妈<rt>māma</rt></ruby> <ruby>去<rt>qù</rt></ruby> <ruby>北京<rt>Běijīng</rt></ruby> <ruby>旅游<rt>lǚyóu</rt></ruby>。<ruby>她<rt>Tā</rt></ruby> <ruby>去<rt>qù</rt></ruby> <ruby>玩儿<rt>wánr</rt></ruby> <ruby>一个<rt>yíge</rt></ruby> <ruby>星期<rt>xīngqī</rt></ruby>，<ruby>八月三号<rt>bā yuè sān hào</rt></ruby> <ruby>回来<rt>huílai</rt></ruby> <ruby>了<rt>le</rt></ruby>。<ruby>明天<rt>Míngtiān</rt></ruby> <ruby>开始<rt>kāishǐ</rt></ruby> <ruby>上班<rt>shàngbān</rt></ruby>，<ruby>今天<rt>jīntiān</rt></ruby> <ruby>要<rt>yào</rt></ruby> <ruby>多<rt>duō</rt></ruby> <ruby>休息<rt>xiūxi</rt></ruby>。

私の母は北京へ旅行に行きました。彼女は1週間遊びに行っていて8月3日に帰ってきました。明日仕事が始まりますので、今日はたくさん休まなければなりません。

★ <ruby>她<rt>Tā</rt></ruby> <ruby>八月三号<rt>bā yuè sān hào</rt></ruby> <ruby>去<rt>qù</rt></ruby> <ruby>北京<rt>Běijīng</rt></ruby>。

彼女は8月3日に北京へ行きました。

2) ✗ <ruby>我<rt>Wǒ</rt></ruby> <ruby>爸爸<rt>bàba</rt></ruby> <ruby>不<rt>bú</rt></ruby> <ruby>爱<rt>ài</rt></ruby> <ruby>喝<rt>hē</rt></ruby> <ruby>咖啡<rt>kāfēi</rt></ruby>，<ruby>他<rt>tā</rt></ruby> <ruby>喜欢<rt>xǐhuan</rt></ruby> <ruby>喝<rt>hē</rt></ruby> <ruby>茶<rt>chá</rt></ruby>，<ruby>每天<rt>měitiān</rt></ruby> <ruby>上午<rt>shàngwǔ</rt></ruby> <ruby>都<rt>dōu</rt></ruby> <ruby>会<rt>huì</rt></ruby> <ruby>喝<rt>hē</rt></ruby> <ruby>几<rt>jǐ</rt></ruby> <ruby>杯<rt>bēi</rt></ruby> <ruby>热茶<rt>rèchá</rt></ruby>。

私の父はコーヒーが好きでなく、お茶を飲むのが好きです。毎日午前中には何杯かの熱いお茶を飲むはずです。

★ <ruby>爸爸<rt>Bàba</rt></ruby> <ruby>觉得<rt>juéde</rt></ruby> <ruby>茶<rt>chá</rt></ruby> <ruby>不<rt>bù</rt></ruby> <ruby>好喝<rt>hǎo hē</rt></ruby>。

父はお茶がおいしくないと思っています。

3) ✓ <ruby>跳舞<rt>Tiàowǔ</rt></ruby> <ruby>是<rt>shì</rt></ruby> <ruby>一件<rt>yíjiàn</rt></ruby> <ruby>让<rt>ràng</rt></ruby> <ruby>人<rt>rén</rt></ruby> <ruby>快乐<rt>kuàilè</rt></ruby> <ruby>的<rt>de</rt></ruby> <ruby>事情<rt>shìqing</rt></ruby>，<ruby>每天<rt>měitiān</rt></ruby> <ruby>下课<rt>xiàkè</rt></ruby> <ruby>后<rt>hòu</rt></ruby> <ruby>我<rt>wǒ</rt></ruby> <ruby>都<rt>dōu</rt></ruby> <ruby>会<rt>huì</rt></ruby> <ruby>和<rt>hé</rt></ruby> <ruby>朋友们<rt>péngyoumen</rt></ruby> <ruby>去<rt>qù</rt></ruby> <ruby>跳舞<rt>tiàowǔ</rt></ruby>。

踊りは人を幸せにするものです。毎日放課後私は友達と踊りに行くでしょう。

★ <ruby>我<rt>Wǒ</rt></ruby> <ruby>爱<rt>ài</rt></ruby> <ruby>跳舞<rt>tiàowǔ</rt></ruby>。

私は踊りが好きです。

Part 2 实践问题

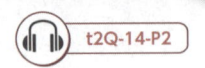

听 力

1 音声を聞いて、写真の内容と合致するものは「✓」、合致しないものは「×」と答えましょう。

1)  2)  3)

1) _____   2) _____   3) _____

2 音声を聞いて、その内容に合う写真を選び記号で答えましょう。

A    B    C

1) _____   2) _____   3) _____

3 会話を聞いて、質問に対する答えをA～Cの中から１つ選びましょう。

1) A 10月(shíyuè)　　B 11月(shíyīyuè)　　C 12月(shí'èryuè)
2) A 七岁(qīsuì)　　B 十三岁(shísānsuì)　　C 二十岁(èrshísuì)
3) A 车站　后面(chēzhàn hòumiàn)　　B 饭馆　旁边(fànguǎn pángbiān)　　C 车站　旁边(chēzhàn pángbiān)

1) _____　　2) _____　　3) _____

＊就(jiù)：すぐ・まさに

4 会話を聞いて、質問に対する答えをA～Cの中から１つ選びましょう。

1) A 六斤(liùjīn)　　B 三斤(sānjīn)　　C 两斤(liǎngjīn)
2) A 8月 16号(bāyuè shíliùhào)　　B 8月 15号(bāyuè shíwǔhào)　　C 8月 14号(bāyuè shísìhào)
3) A 500 多(wǔbǎi duō)　　B 400 多(sìbǎi duō)　　C 900 多(jiǔbǎi duō)

1) _____　　2) _____　　3) _____

＊一共(yígòng)（3級）：合わせて・全部で

Part 2　実践問題

阅　读

1 次の文の内容に合う写真を選び記号で答えましょう。

A 　　　　　　　B 　　　　　　　C

1) Zhège fángjiān kěyǐ shuì shí ge rén.
   这个 房间 可以 睡 10 个 人。

2) Hěn wǎn le.　Nǐ xiǎng shuìjiào ba.
   很 晚 了。你 想 睡觉 吧。

3) Cóng zhèr　yìzhí zǒu,　jiù shì wǒmen dàxué.
   从 这儿 *一直 走，就 是 我们 大学。

1) _____　2) _____　3) _____

*一直（3級）：まっすぐ・ずっと

2 （　　）に入る語をA〜Cの中から選びましょう。

　A 岁　B 钱　C 要

1) Jiějie　　　qù Běijīng liúxué.
   姐姐（　　）去 北京 *留学。

2) Xiàge yuè yī hào shì dìdi shíbā　　　de shēngrì.
   下个 月 1 号 是 弟弟 18（　　）的 生日。

3) 女：Zhège dà xīguā duōshao
   这个 大 西瓜 多少（　　）？
   男：Wǔ kuài duō.
   5 块 多。

1) _____　2) _____　3) _____

*留学（4級）：留学する

104

3 文を読んで、★の文が内容と合致する場合は「✓」、合致しない場合は「×」で答えましょう。

1) Wǒ shì dàxué yìniánjí de xuéshēng, wǒ zhǔnbèi kāishǐ xuéxí Hànyǔ.
   我 是 大学 *1 一年级 的 学生，我 准备 开始 学习 汉语。
   Tā bú huì shuō Hànyǔ.
   ★ 她 不 会 说 汉语。

2) Wǒ bàba měitiān jiǔdiǎn shàngbān, bādiǎn hé wǒ yìqǐ chūmén.
   我 爸爸 每天 9点 上班，8点 和 我 一起 *2 出门。
   Bàba měitiān bādiǎn chūmén.
   ★ 爸爸 每天 8点 出门。

3) Jīntiān shì shí'èr yuè shíyī hào, wǒmen hòutiān shísān hào xīngqīwǔ qù lǚyóu.
   今天 是 12 月 11 号，我们 后天 13 号 星期五 去 旅游。
   Jīntiān shì xīngqī'èr.
   ★ 今天 是 星期二。

1) _____ 2) _____ 3) _____

*1 niánjí
   年级（3級）：学年
*2 chūmén
   出门：家を出る

4 次の1～3の中国語と組み合わせて意味が通るものをA～Cの中から選びましょう。

> A Zhīdào Zhào xiǎojiě zài nǎr ma? Wǒ *yǒushì yào wèn tā.
>   知道 赵 小姐 在 哪儿 吗？ 我 *有事 要 问 她。
> B Nǐ zhècì lái Zhōngguó, zhǔnbèi zhù duōcháng shíjiān?
>   你 这次 来 中国，准备 住 多长 时间？
> C Qǐngwèn huǒchēzhàn zěnme zǒu?
>   C 请问 火车站 怎么 走？

1) Lí zhèr bù yuǎn, yìzhí zǒu wǔfēnzhōng jiù dào le.
   离 这儿 不 远，一直 走 5分钟 就 到 了。

2) Néng zhù yíge duō yuè, xiànzài dàxué xiūxi ne.
   能 住 一个 多 月，现在 大学 休息 呢。

3) Tā qù Shànghǎi le, zhè xīngqī bù lái gōngsī.
   她 去 上海 了，这 星期 不 来 公司。

1) _____ 2) _____ 3) _____

*事：ことがら（「有事」は用がある）
  shì   yǒushì

Part 2　解答

听　力

1　聞き取り問題 (第 1 部分)

1) ✗　Zhào xiǎojiě huì tiàowǔ.
　　赵 小姐 会 跳舞。
　　趙さんは踊りを踊ることができます。

2) ✓　Wǒ yào qù jīchǎng le.
　　我 要 去 机场 了。
　　私は空港へ行かなければなりません。

3) ✗　Míngtiān kěnéng xià xuě.
　　明天 可能 下 雪。
　　明日はおそらく雪が降るでしょう。

ここで出てきた能願動詞の意味をもう一度確認しましょう。
会：(習得して) 〜できる　　可能：〜するかもしれない

2　聞き取り問題 (第 2 部分)

1) C　Zhèxiē jīdàn duōshao qián?
　　男：这些 鸡蛋 多少 钱？　　これらの卵はいくらですか？
　　Shí kuài.
　　女：十 块。　　十元です。

2) B　Nǐ míngtiān zhǔnbèi zuò shénme?
　　男：你 明天 准备 做 什么？　　明日何をするつもりなのですか？
　　Wǒ míngtiān yào qù shàngbān.
　　女：我 明天 要 去 上班。　　明日は出勤するつもりです。

准备は「〜するつもり」という意味の能願動詞です。

3) A　Nǐ érzi duōgāo le?
　　男：你 儿子 多高 了？
　　あなたの息子さんの背はどれくらいになりましたか？
　　Tā yǐjīng bǐ wǒ gāo le.
　　女：他 已经 比 我 高 了。　　彼はすでに私より高くなりました。

比較の「比」の表現に注意しましょう。「高」は「背が高い」という意味でしばしば使われます。

3 聞き取り問題（第 3 部分）

1) **A 10月**（10月）
   shíyuè

   男：我们 10月 一起 去 中国 旅游, 怎么样？
   Wǒmen shíyuè yìqǐ qù Zhōngguó lǚyóu, zěnmeyàng?
   私たちは10月に一緒に中国へ旅行に行くのはどうですか？

   女：好, 我 也 想 去。
   Hǎo, wǒ yě xiǎng qù.
   いいですね。私も行きたいです。

   问：他们 什么 时候 去 中国 旅游？
   Tāmen shénme shíhou qù Zhōngguó lǚyóu?
   彼らはいつ中国へ旅行に行きますか？

2) **B 十三岁**（13歳）
   shísānsuì

   女：你 弟弟 多大 了？
   Nǐ dìdi duōdà le?
   あなたの弟さんは何歳になりましたか？

   男：十三岁, 比 我 小 七岁。
   Shísānsuì, bǐ wǒ xiǎo qīsuì.
   13歳です。私より7歳年下です。

   问：男 的 弟弟 多大 了？
   Nán de dìdi duōdà le?
   男の人の弟は何歳ですか？

3) **C 车站 旁边**（駅の横）
   chēzhàn pángbiān

   女：你 家 离 车站 远 吗？
   Nǐ jiā lí chēzhàn yuǎnma?
   あなたの家は駅から遠いですか？

   男：不 远, 就 在 车站 旁边儿。
   Bù yuǎn, jiù zài chēzhàn pángbiānr.
   遠くないです。まさに駅の横にあります。

   问：男 的 家 在 哪儿？
   Nán de jiā zài nǎr?
   男の人の家はどこにありますか？

107

Part 2　解答

4　聞き取り問題（第4部分）

1) B 三斤 sānjīn (3斤＝1500グラム)

男：苹果　多少钱　一斤？ Píngguǒ duōshaoqián yìjīn?
リンゴは1斤いくらですか？

女：两块　一斤。 Liǎngkuài yìjīn.
1斤2元です。

男：我　买　三斤。 Wǒ mǎi sānjīn.
3斤買います。

女：好，一共　六块。 Hǎo, yígòng liùkuài.
はい、全部で6元です。

问：男的买了几斤苹果？ Nán de mǎi le jǐ jīn píngguǒ?
男の人は何斤のリンゴを買いましたか？

2) B 8月 15号 bāyuè shíwǔhào (8月15日)

女：你知道　小　张　的生日是哪天　吗？ Nǐ zhīdào Xiǎo Zhāng de shēngrì shì nǎtiān ma?
あなたは張さんの誕生日がいつか知っていますか？

男：8月　15号。 Bāyuè shíwǔhào.
8月15日です。

女：小　张　比 小　李　大　吗？ Xiǎo Zhāng bǐ Xiǎo Lǐ dà ma?
張さんは李さんより年上ですか？

男：不，小 李 比 小　张　大 一岁。 Bù, Xiǎo Lǐ bǐ Xiǎo Zhāng dà yísuì.
いいえ、李さんは張さんより1歳年上です。

问：小　张　的生日是 几月几号？ Xiǎo Zhāng de shēngrì shì jǐ yuè jǐ hào?
張さんの誕生日は何月何日ですか？

3) C **900 多**(九百人あまり)

男：小 李, 你们 公司 有 多少 人?
　　Xiǎo Lǐ　nǐmen gōngsī yǒu duōshao rén?
　　李さん、あなたたちの会社は何人いますか？

女：900 多。
　　Jiǔbǎi duō.
　　900人あまりです。

男：男 的 多? 女 的 多?
　　Nán de duō? Nǚ de duō?
　　男の人が多いですか、女の人が多いですか？

女：男 的 400 多, 女 的 500 多。
　　Nán de sìbǎi duō, nǚ de wǔbǎi duō.
　　男の人は400人あまりで、女の人は500人あまりです。

问：小 李 公司 有 多少 人?
　　Xiǎo Lǐ gōngsī yǒu duōshao rén?
　　李さんの会社は何人いますか？

# Part 2 解答

阅 读

1 読解問題（第1部分）

1) C
   Zhège fángjiān kěyǐ shuì shí ge rén.
   这个 房间 可以 睡 10 个 人。
   この部屋は10人寝ることができます。
   ここの「可以」は能力があって「できる」という意味です。「能」に置き換えることもできます。

2) B
   Hěn wǎn le. Nǐ xiǎng shuìjiào ba.
   很 晚 了。你 想 睡觉 吧。
   遅くなりました。寝たいでしょう。
   「想」は「〜したい」という意味です。

3) A
   Cóng zhèr yìzhí zǒu, jiù shì wǒmen dàxué.
   从 这儿 一直 走，就 是 我们 大学。
   ここからまっすぐ行くと、私たちの大学です。
   「从」は「〜から」という動作の起点を示す介詞です。

2 読解問題（第2部分）

1) C
   Jiějie yào qù Běijīng liúxué.
   姐姐（要）去 北京 留学。
   お姉さんは北京に留学に行きたがっています。
   お姉さんは北京へ留学に行かなければなりません。
   「要」は多義語なので、前後の文脈がないと、このように2通りに解釈できてしまいます。

2) A
   Xiàgeyuè yī hào shì dìdi shíbā suì de shēngrì.
   下个月 1 号 是 弟弟 18 （岁）的 生日。
   来月1日は弟の18歳の誕生日です。

3) B
   Zhège dà xīguā duōshao qián?
   女：这个 大 西瓜 多少 （钱）？
   この大きなスイカはいくらですか？
   Wǔ kuài duō.
   男：5 块 多。
   5元あまりです。

3 読解問題（第3部分）

1) ✓
Wǒ shì dàxué yìniánjí de xuéshēng, wǒ zhǔnbèi kāishǐ xuéxí Hànyǔ.
我 是 大学 一年级 的 学生，我 准备 开始 学习 汉语。
私は大学1年生の学生で、中国語を勉強し始めるつもりです。
Tā bú huì shuō Hànyǔ.
★她 不 会 说 汉语。
彼女は中国語を話すことができません。

2) ✓
Wǒ bàba měitiān jiǔdiǎn shàngbān, bādiǎn hé wǒ yìqǐ chūmén.
我 爸爸 每天 9点 上班，8点 和 我 一起 出门。
私の父は毎日9時に出勤で、8時に私と一緒に家を出ます。
Bàba měitiān bādiǎn chūmén.
★爸爸 每天 8点 出门。
父は毎日8時に家を出ます。

3) ✗
Jīntiān shì shí'èr yuè shíyī hào, wǒmen hòutiān shísān hào xīngqīwǔ qù lǚyóu.
今天 是 12 月 11 号，我们 后天 13 号 星期五 去 旅游。
今日は12月11日で、私たちは明後日13日金曜日に旅行へ行きます。
Jīntiān shì xīngqī'èr.
★今天 是 星期二。
今日は火曜日です。

4 読解問題（第4部分）

1) C
Qǐngwèn huǒchēzhàn zěnme zǒu?
请问 火车站 怎么 走？
お尋ねしますが、駅へはどうやっていきますか？
Lí zhèr bù yuǎn, yìzhí zǒu wǔfēnzhōng jiù dào le.
离 这儿 不 远，一直 走 5分钟 就 到 了。
ここから遠くないです。まっすぐ5分行くとすぐに着きますよ。

2) B
Nǐ zhècì lái Zhōngguó, zhǔnbèi zhù duōcháng shíjiān?
你 这次 来 中国，准备 住 多长 时间？
あなたは今回中国へいらして、どのくらい滞在する予定ですか？
Néng zhù yíge duō yuè, xiànzài dàxué xiūxi ne.
能 住 一个 多 月，现在 大学 休息 呢。
ひと月あまり滞在できます。今大学は休みです。

3) A
Zhīdào Zhào xiǎojiě zài nǎr ma? Wǒ yǒushì yào wèn tā.
知道 赵 小姐 在 哪儿 吗？ 我 有事 要 问 她。
趙さんがどこにいるか知っていますか？ 私は用があって彼女に聞きたいのですが。
Tā qù Shànghǎi le, zhè xīngqī bù lái gōngsī.
她 去 上海 了，这 星期 不 来 公司。
彼女は上海に行きました。今週は会社に来ません。

Part 3

UNIT11　動詞述語文

UNIT12　副詞の使い方

UNIT13　疑問文

UNIT 11 動詞述語文

t2Q-15-U11

我们 看看。
Wǒmen kànkan.

ちょっと見てみましょう。

動詞が述語になる文は、「主語＋動詞＋目的語」という語順が基本です。このUNITでは、動詞が述語になる文のうち、2級で出題される特殊な用法を学びます。

覚えておきたい基本単語

△	眼睛	yǎnjing	目
△	运动	yùndòng	運動する
△	告诉	gàosu	告げる・教える・伝える
☆	送	sòng	届ける・あげる・見送る・贈る
○	生日	shēngrì	誕生日
△	快乐	kuàilè	おめでとう
	太	tài	「太～了」で「とても～・たいへん～」（→UNIT12参照）

POINT 1 動詞述語文の用法

動詞が述語になる文の用法で、動詞を２つ重ねる形、目的語を２つ持つ動詞、「是〜的」の構文について学びます。ここでは、これらの用法で、動詞がどのような働きをしているのかに注意して、正確に中国語を訳せるように練習しましょう。

■ 動詞の重ね型

動詞を重ねると「ちょっと〜してみる」「試しに〜する」という意味が加わります。つまり、動詞を重ねると、その動作を気楽に行うというニュアンスになるのです。

● 漢字1字の重ね型（1）
漢字1字の動詞を重ねる場合は、動詞を2回繰り返し、後ろの動詞は軽声で読みます。

Nǐ shuōshuo.
你 说说。
ちょっと話してみて。

● 漢字1字の重ね型（2）「動詞＋一/了＋動詞」
動詞が漢字1字の場合には、動詞と動詞の間に「一」または「了」を入れることができます。「一」が入る場合は、普通の重ね型と意味がほぼ同じですが、「了」が入る場合は、動作が完了したことを意味します。「一」と「了」は軽声で読み、後ろの動詞には声調がつきます。

Nǐ shuōyishuō.　　Tā shuōleshuō.
你 说一说。　　他 说了说。
ちょっと話してみて。　彼はちょっと話してみた。

● 漢字2字の動詞の重ね型
漢字2字の動詞を重ねる場合は、「休息」→「休息休息」というように繰り返します。

Kàn shū shíjiān cháng le, yǎnjing yào xiūxi xiūxi.
看 书 时间 长 了，眼睛 要 休息休息。
本を読む時間が長くなったので、目をちょっと休めなければなりません。

Wàimiàn tiānqì hěn hǎo, wǒmen chū qù yùndòngyùndòng.
外面 天气 很 好，我们 出 去 运动运动。
外は天気がとてもいいから、私たちは外に出てちょっと運動しましょう。

● 「動詞＋一下」
「動詞＋一下」も動詞の重ね型と同様で、「ちょっと〜してみる」という意味です。

Wǒ lái jièshào yíxià, zhè shì wǒ zhàngfu.
我 *来 介绍 一下，这 是 我 丈夫。
ちょっと紹介します。こちらは私の夫です。

＊来：(積極的に) 〜する
lái

115

二重目的語を持つ動詞 「给」「告诉」「送」

動詞の中には、2つの目的語をとることができるものがあり、「動詞＋目的語1＋目的語2」の形で「目的語1に目的語2を～する」という意味になります。
2つの目的語をとるのは、限られた動詞なので、少しずつ覚えていきましょう。

● 「给」：与える・あげる

[動詞] ＋ [目的語1] ＋ [目的語2]

Tā gěi wǒ yíge shǒujī.
他 给 我 一个 手机。
彼は私に携帯電話をくれます。

● 「告诉」：告げる・教える・伝える

[動詞] ＋ [目的語1] ＋ [目的語2]

Wǒ gàosu nǐ yíjiàn shìr.
我 告诉 你 一件 事儿＊。
私はあなたにあることを伝えます。

＊「事儿」は「事」に「儿」がついた形です。「儿」がつくことで品詞が変わったり、ちょっとした意味が加わったりすることがありますが、「儿」のつく単語に特定のきまりがあるわけではないので、でてくるたびに確認するようにしましょう。ここでは、意味を変えずに音の調子を整える役割をしています。

[動詞] ＋ [目的語1] ＋ [目的語2]

Nàge yīshēng gàosu wǒ tā de míngzi.
那个 医生 告诉 我 他 的 名字。
あの医者は私に彼の名前を教えました。

● 「送」：あげる・贈る

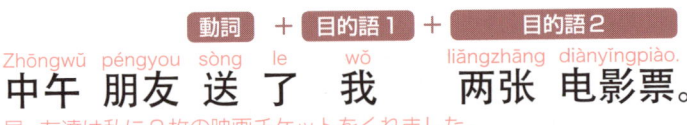

[動詞] ＋ [目的語1] ＋ [目的語2]

Zhōngwǔ péngyou sòng le wǒ liǎngzhāng diànyǐngpiào.
中午 朋友 送 了 我 两张 电影票。
昼、友達は私に2枚の映画チケットをくれました。

[動詞] ＋ [目的語1] ＋ [目的語2]

Wǒ xiǎng sòng tā yíkuài shǒubiǎo.
我 想 送 她 一块 手表。
私は彼女に腕時計をあげたいです。

● 「问」：問う

[動詞] ＋ [目的語1] ＋ [目的語2]

Tā wèn wǒ shàngkè shíjiān.
他 问 我 上课 时间。
彼は私に授業の時間を聞きました。

目的語2の部分は文（主語＋動詞＋目的語）あるいは動詞句（動詞＋目的語）になる場合があります。

Qǐng gàosu wǒ nín zài nǎr.
请 告诉 我 您 在 哪儿。
私にあなたがどこにいるのか教えてください。

Māma wèn wǒ zuò shénme cài.
妈妈 问 我 做 什么 菜。
お母さんは私に何料理を作るのか聞きました。

「是～的」の構文

実際に行われたある行為または、すでに決定している事項の「時間」「地点」「方式」などを強調して表現するのが「是～的」の構文です。これらの具体的な行為を強調するとき、「是」と「的」の間に「強調するもの＋動詞」を挟んで文を作ります。

● 時間を強調

Zhèxiē zhuōzi hé yǐzi shì jīntiān zhōngwǔ mǎi de.
这些 桌子 和 椅子 是 今天 中午 买 的。
これらの机と椅子は今日の昼に買ったものです。

● 地点を強調

Zhège huǒchē shì cóng Běijīng kāilái de.
这个 火车 是 从 北京 开来 的。
この汽車は北京からやって来たのです。

● 方式を強調

Zhège gōngzuò shì péngyou bāng wǒ jièshào de.
这个 工作 是 朋友 ＊帮 我 介绍 的。
この仕事は友達が私に紹介してくれたのです。

＊「帮＋A＋動詞」で「Aを手伝って／助けて～する」

「是～的」の構文では、しばしば「是」が省略されます。文末に「的」があるときは、この構文であることがあるので注意して訳しましょう。

HSKの例文 — 動詞述語文を使った問題

聴解第4部分の問題です。男性と女性の比較的長い会話を聞いて、問いの答えとして正しいものを次のA～Cから選んでみましょう。

女：生日 快乐！这 是 *1送给 你 的。
　　Shēngrì kuàilè! Zhè shì sònggěi nǐ de.

男：谢谢 妈！是 什么？
　　Xièxie mā! Shì shénme?

女：你 *2打开 看看，希望 你 会 喜欢。
　　Nǐ dǎkāi kànkan, xīwàng nǐ huì xǐhuān.

男：手表？太 好 了！
　　Shǒubiǎo? Tài hǎo le!

问：妈妈 送 的 是 什么？
　　Māma sòng de shì shénme?

A 手表　　B 电脑　　C 自行车
　shǒubiǎo　　diànnǎo　　zìxíngchē

*1 送给～：～に贈る（補語→UNIT19参照）
　　sònggěi
*2 打开：開ける・開く・スイッチを入れる
　　dǎkāi

【答え】　A 手表　（腕時計）
　　　　　　Shǒubiǎo

女：お誕生日おめでとう！これはあなたへ贈るものです。
男：ありがとうお母さん！何ですか？
女：ちょっと開けてみて、あなたが気に入ってくれるといいのだけれど。
男：腕時計？とてもすばらしいです！
問：お母さんが贈ったものは何ですか？

● ポイント！

長い会話の聞き取りは、キーワードとなる単語を聞き逃さないようにメモをとりましょう。聴解は聞き慣れることが重要です。中国語をできるだけたくさん聞いて、会話の場面、発言内容を把握しながら、誰が（何が）、いつ、どこで、なぜ、どのようになったかを聞き取れるように練習しましょう。
今回の練習では、動詞の重ね型、動詞「送」（ここでは二重目的語をとっていません）が出てきています。
　　　　　　　　　　　　　　sòng

補充単語

○	准备	zhǔnbèi	準備・～する準備をする
△	笑	xiào	笑う
△	颜色	yánsè	色

練習問題　UNIT 11

読解トレーニング

1 次の中国語を日本語に訳しましょう。

1) Tīngshuō tā bìng le, wǒmen zhǎo shíjiān qù kànkan tā ba.
   听说 她 病 了，我们 找 时间 去 看看 她 吧。

2) Xiànzài yǔ yǐjīng bú xià le.
   现在 雨 已经 *不 下 了。

   Shì ma? Wǒ kànkan.
   是 吗？我 看看。

1) _____

_____

2) _____

_____

*不〜了：〜しなくなる

解答

1 動詞の重ね形の訳の問題

1) 聞いたところによると、彼女は病気になったそうです。私たちは時間を見つけて、彼女にちょっと会いに行きましょう。

2) 今雨はもう止んでしまいました。
   そうですか？　ちょっと見てみます。

UNIT 11　練習問題　🎧 t2Q-16-U11R

聞き取りトレーニング

1　写真を見ながら音声を聞いて、日本語に訳しましょう。

1) ＿＿＿＿＿＿＿＿＿＿＿＿＿＿＿＿＿＿＿＿＿＿＿＿＿

2) 男：＿＿＿＿＿＿＿＿＿＿＿＿＿＿＿＿＿＿＿＿＿＿＿＿
　　女：＿＿＿＿＿＿＿＿＿＿＿＿＿＿＿＿＿＿＿＿＿＿＿＿

＊试（shì）（4級）：試す

2　会話を聞いて、日本語に訳しましょう。

1) 男：＿＿＿＿＿＿＿＿＿＿＿＿＿＿＿＿＿＿＿＿＿＿＿＿
　　女：＿＿＿＿＿＿＿＿＿＿＿＿＿＿＿＿＿＿＿＿＿＿＿＿

2) 男：＿＿＿＿＿＿＿＿＿＿＿＿＿＿＿＿＿＿＿＿＿＿＿＿
　　女：＿＿＿＿＿＿＿＿＿＿＿＿＿＿＿＿＿＿＿＿＿＿＿＿

＊辆（liàng）（3級）：～台（量詞）

◀◀◀　音声内容　▶▶▶

1
1) Zhǔnbèi hǎo le ma? Hǎo, xiàoyixiào.
　　准备 好 了 吗? 好, 笑一笑。

2) 男：Zhè jǐ jiàn zěnmeyàng? Nǐ shìyishì.
　　　这 几 件 怎么样? 你 试一试。
　　女：Hǎo, wǒ xǐhuan zhège yánsè de.
　　　好, 我 喜欢 这个 颜色 的。

2
1) 男：Nǐhǎo! Wǒ de chē chū wèntí le, nǐmen néng lái bāng wǒ kàn yíxià ma?
　　　你好! 我 的 车 出 问题 了, 你们 能 来 帮 我 看 一下 吗?
　　女：Hǎode. Qǐng gàosu wǒ nín zài nǎr.
　　　好的。请 告诉 我 您 在 哪儿。

2) 男：Wǒ xiǎng sòng nǐ yíliàng zìxíngchē.
　　　我 想 送 你 一辆 自行车。
　　女：Xièxiè nǐ
　　　谢谢 你。

解 答　UNIT 11

1 動詞の重ね形を使った会話文の聞き取り問題

1) 準備はいいですか。はい、ちょっと笑って。

2) 男：この何着かはどうですか？　ちょっと試着してみて。
　 女：いいですね。私はこの色のが好きです。

2 目的語を２つとる動詞を使った会話文の聞き取り問題

1) 男：こんにちは！私の車は問題が起きたので、あなたたちはちょっと見に来ていただけませんか？
　 女：いいですよ。私にあなたがどこにいるのか教えてください。

2) 男：私はあなたに自転車を贈りたいです。
　 女：ありがとうございます。

UNIT 12 副詞の使い方

t2Q-17-U12

Nínhǎo! Jiàndào nín hěn gāoxìng.
您好！见到 您 很 高兴。

こんにちは！あなたにお目にかかれてとてもうれしいです。

副詞は、述語や文に対して程度・時間・頻度・話者の判断などの意味を付け加えます。このUNITでは、それぞれの副詞が持つ具体的な意味や使い方を確認します。

覚えておきたい基本単語

	見到	jiàndào	会う・面会する
△	船	chuán	船
○	非常	fēicháng	とても
	欢迎	huānyíng	歓迎する
☆	还	hái	まだ・また
	打 篮球	dǎ lánqiú	バスケットボールをする（「打」は球技などをする）
	旅游	lǚyóu	旅行をする
○	也	yě	～も
☆	真	zhēn	本当に
☆	快	kuài	早い
	有点儿	yǒudiǎnr	ちょっと～
○	贵	guì	（値段が）高い
○	但是	dànshì	～であるが・しかし（複文→UNIT20 参照）
△	颜色	yánsè	色
	一点儿	yìdiǎnr	ちょっと～

POINT 1 副詞の語順と意味を覚えよう

副詞は、動詞や形容詞などの前に置いて文に意味を付け加えるもので、「程度・範囲・時間・頻度・語気（話者の判断）」などの意味を持ちます。ここでは、2級で出題されている語を中心に副詞の使い方と、それぞれの意味を学びます。

形容詞述語文で使う程度副詞　「很」「非常」「太」「最」

形容詞述語文（主語＋形容詞）では、形容詞の前に必ず副詞を置かなければなりません。

主語 ＋ **副詞** ＋ **形容詞**

Wǒ　　　hěn　　gāoxìng.
我　　　很　　高兴。
私はうれしいです。

● 「很」
「很」は形容詞の前に置く程度の副詞です。もともと「很」には、「とても」という意味がありますが、強く発音しない場合は特別な意味はありません。

Yángròu　hěn　hǎochī.
羊肉　很　好吃。
羊の肉はおいしいです。

形容詞の前に副詞がつかない文は、その先に文が続くニュアンスになります。文を終わらせるには副詞が必要ですが、特に意味を加える必要がない場合には「很」が使われれます。

Yángròu　hǎochī,
羊肉　好吃,…
羊の肉はおいしいですが、…

「とても」という意味を表現するためには、「很」を強く発音するか、ほかの程度を示す副詞を使います。

主語 ＋ 很 ＋ **形容詞**

Zhèr　de　yángròu　hěn　hǎochī.
这儿　的　羊肉　很　好吃。
ここの羊の肉はおいしいです。

「很」を強く読むと「ここの羊の肉はとてもおいしいです」の意味になります。

123

- 「非常」: とても

　　　　　　主語 ＋ **非常** ＋ 形容詞
　　　　Zhège　chuán　fēicháng　dà,　kěyǐ　zuò　jǐ　qiān　rén.
　　　　这个　船　非常　大，可以　坐　几　千　人。
　　　この船はとても大きいので、何千人も乗ることができます。

- 「太」: とても

　　　　　　主語 ＋ **太** ＋ 形容詞
　　　　Zuótiān　de　kǎoshì　tí　tài　duō,　wǒ　méiyǒu　zuòwán.
　　　　昨天　的　考试　题　太　多，我　没有　＊做完。
　　　昨日の試験は問題がとても多く、私はやり終えられませんでした。
　　　　　zuòwán
　　　＊做完：やり終わる（結果補語→UNIT19参照）

　　「太」は文末に「了」を伴うことが多いです。

　　　　Tài　hǎo　le.　　　Tài　xièxie　le.
　　　　太　好　了。　　　太　谢谢　了。
　　　本当にすばらしいです。大変ありがとうございました。

- 「不太〜」: あまり〜ない

　　「太」の前に「不」を置くと、「あまり〜ない」という意味になります。

　　　　Wǒ　jiā　lí　zhèr　bú　tài　yuǎn.
　　　　我　家　离　这儿　不　太　远。
　　　私の家はここからあまり遠くありません。

- 「最」: 最も〜

　　　　　　主語 ＋ **最** ＋ 形容詞
　　　　Gàosu　wǒ,　nǎge　zuì　piàoliang?
　　　　告诉　我，哪个　最　漂亮？
　　　私に教えてください、どれが1番きれいですか？

頻度を示す副詞

- 「再」: また〜

　　　　Huānyíng　nǐmen　zài　lái　Běijīng.
　　　　欢迎　你们　再　来　北京。
　　　また北京へいらっしゃってください。

- 「还」: また〜

　　　　Nǐ　míngtiān　háilái　ma?
　　　　你　明天　还来　吗？
　　　あなたは明日また来ますか？

範囲を示す副詞 「都」「一起」

範囲を示す副詞は動詞や形容詞の前に置いて使います。

● 「都」：みんな・すべて

「都」の前の内容が複数のものであり、それら「すべて」という意味です。

都 + 動詞

Wǒmen dōu kànjiàn nàge rén le.
我们 都 看见 那个 人 了。
私たちはみんなあの人を見かけました。

都 + 動詞

Měige xīngqīliù, wǒ dōu qù dǎ lánqiú.
每个 星期六，我 都 去 打 篮球。
毎週土曜日、私はバスケットボールをしに行きます。

「都」の前の主語が複数形でなくても、複数の内容（上の例文では「每个星期六（毎週土曜日）」をうけて、そのどれもというとき、「都」を使います。

次の文も、会話の中で複数のもの（哪个）が話題になっているので、「都」でうけて答えています。

Gàosu wǒ, nǎge zuì piàoliang?
告诉 我，哪个 最 漂亮？
私に教えてください、どれが１番きれいですか？

都 + 形容詞

Wǒ juéde dōu piàoliang.
我 觉得 都 漂亮。
私はみんなきれいだと思います。

● 「一起」：一緒に

一起 + 動詞

Wǒmen yìqǐ lái huǒchēzhàn le.
我们 一起 来 火车站 了。
私たちは一緒に駅へ来ました。

一起 + 動詞

Nánpéngyou yào hé wǒ yìqǐ qù lǚyóu.
男朋友 要 和 我 一起 去 旅游。
ボーイフレンドは私と一緒に旅行に行きたがっています。

時間を示す副詞

- 「已经～了」：もう～になった（時間が経過したことを客観的事実として述べるとき）
- 「都～了」：もう～になった（時間が経過したことを感慨を持って主観的に述べるとき）

Wǒ nǚ'ér yǐjīng wǔsuì le, dōu kāishǐ xuéxí xiě Hànzì le.
我 女儿 已经 五岁 了, 都 开始 学习 写 汉字 了。

私の娘はすでに5歳になりました。もう漢字を書くことを勉強し始めました。

語気副詞 「也」「还」「真」

語気とは、話者の判断を言い含めることです。副詞は、動詞や形容詞の意味を補足説明するものですが、このように、話者の気持ちを込めるものもあります。

- 「也」：～も

Xīngqīliù yě bù xiūxi.
星期六 也 不 休息。

土曜日も休みではありません。

- 「还」：まだ

Wǒ mèimei xiànzài hái zhù zài xuéxiào li.
我 妹妹 现在 还 住 在 学校 里。

私の妹は今まだ学校の中に住んでいます。

※ 介詞「在」は「在＋場所＋動詞」の形が基本です。しかし、一部の動詞「住」「坐」などと一緒に使われるとき、「動詞＋在＋場所」の語順になります。

- 「真」：本当に

Shíjiān *1 guò *2 de zhēn kuài.
时间 过 得 真 快。

時間が過ぎるのは本当に早いです。

*1 过（4級）：過ぎる
*2 「動詞＋得＋形容詞」の形で、「～するのが…」という意味になります（様態補語→ UNIT19 参照）。

発展　有点儿と一点儿

「ちょっと」という意味の表現に「有点儿(yǒudiānr)」「一点儿(yìdiānr)」があります。それぞれ語順と意味を確認しましょう。

● 「有点儿＋動詞・形容詞」：主観的に「ちょっと（いやだ）」というとき

有点儿 ＋ 形容詞

Zhège　yǐzi　yǒudiǎnr　　guì,　dànshì　yánsè　hěn　búcuò.
这个 椅子 有点儿 贵，但是 颜色 很 不错。
この椅子はちょっと高いですが、色はとてもいいです。

● 「動詞・形容詞＋一点儿」：客観的に「ちょっと」というとき

形容詞 ＋ 一点儿

Xiǎojiě,　zhèjiàn　yīfu　yǒu　dà　　yìdiǎnr　de　ma?
小姐, 这件 衣服 有 大 一点儿 的 吗?
すみません（女の人への呼びかけ）、この服はもう少し大きいのはありますか？

補充単語

○	所以	suǒyǐ	～だから…（複文→UNIT20 参照）
	有意思	yǒuyìsi	おもしろい
	这么	zhème	こんなに

UNIT 12 練習問題

1 次の1～3の中国語と組み合わせて意味が通るものをA～Cの中から選んでそれぞれ日本語に訳しましょう。

> A 你要给她介绍一个吗？
> Nǐ yào gěi tā jièshào yíge ma?
>
> B 鸡蛋*¹吃完了。下午我再买一些。
> Jīdàn chīwán le. Xiàwǔ wǒ zài mǎi yìxiē.
>
> C 我爸爸姓刘，我妈妈姓杨。所以我叫刘杨。
> Wǒ bàba xìng Liú, wǒ māma xìng Yáng. Suǒyǐ wǒ jiào Liú Yáng.

1) 这个名字很有意思。
   Zhège míngzi hěn yǒuyìsi.

2) *²那我和你一起去。
   Nà wǒ hé nǐ yìqǐ qù.

3) 你姐姐真高，这么漂亮。她有男朋友了吗？
   Nǐ jiějie zhēn gāo, zhème piàoliang. Tā yǒu nán péngyou le ma?

1) _____ 訳 _____

2) _____ 訳 _____

3) _____ 訳 _____

*1 吃完 chīwán：食べ終わる（結果補語→UNIT19参照）
*2 那 nà：それでは

2 （　）に入る語をA～Dの中から選び、完成した文を日本語に訳しましょう。

> A 都　B 一点儿　C 非常　D 还
> dōu　yìdiǎnr　fēicháng　hái

1) 再喝（　）吧。
   Zài hē　　ba.

2) 他们四个人每天（　）一起吃饭。
   Tāmen sìge rén měitiān　　yìqǐ chīfàn.

3) 你现在（　）在家里吗？
   Nǐ xiànzài　　zài jiāli ma?

1) _____ 訳 _____

2) _____ 訳 _____

3) _____ 訳 _____

3 文を読んで、★の文が内容と合致する場合は「✓」、合致しない場合は「×」で答えましょう。

1) Zhèxiē zhuōzi hé yǐzi dōu shì yībǎi duōnián qián zuò de, suǒyǐ bǐ xiànzài de yào guì hěnduō.
这些 桌子 和 椅子 都 是 100 多年 前 做 的, 所以 比 现在 的 要 贵 很多。
Zhèxiē zhuōzi, yǐzi dōu hěn xīn.
★ 这些 桌子,椅子 都 很 新。

2) Bàba yǐjīng shuìjiào le, nǐ míngtiān zài dǎ diànhuà ba.
爸爸 已经 睡觉 了, 你 明天 再 打 电话 吧。
Bàba zài dǎ diànhuà.
★ 爸爸 *在 打 电话。

3) Shuǐguǒ zhōng, wǒ zuì ài chī píngguǒ hé xīguā. Wǒ měitiān dōu yào chī yíge píngguǒ, yīshēng shuō, duō chī píngguǒ duì shēntǐ hǎo.
水果 中, 我 最 爱 吃 苹果 和 西瓜。我 每天 都 要 吃 一个 苹果, 医生 说, 多 吃 苹果 对 身体 好。
Wǒ juéde xīguā hěn hǎochī.
★ 我 觉得 西瓜 很 好吃。

1) _____ 2) _____ 3) _____

*「在＋動詞」：〜している（→UNIT15参照）

UNIT 12 解答

1 副詞を使った文の組み合わせ問題

1) C
　Zhège míngzi hěn yǒuyìsi.
　这个 名字 很 有意思。
　この名前は本当におもしろいです。

　Wǒ bàba xìng Liú, wǒ māma xìng Yáng. suǒyǐ wǒ jiào Liú Yáng.
　我 爸爸 姓 刘，我 妈妈 姓 杨。所以 我 叫 刘 杨。
　私の父の名字は劉です。母の名字は楊です。だから私は劉楊といいます。

2) B
　Jīdàn chīwán le. Xiàwǔ wǒ zài mǎi yìxiē.
　鸡蛋 吃完 了。下午 我 再 买 一些。
　卵は食べ終わりました。午後私はまた少し買いに行きます。

　Nà wǒ hé nǐ yìqǐ qù.
　那 我 和 你 一起 去。
　それでは私はあなたと一緒に行きましょう。

3) A
　Nǐ jiějie zhēn gāo, zhème piàoliang. Tā yǒu nán péngyou le ma?
　你 姐姐 真 高，这么 漂亮。她 有 男 朋友 了 吗？
　あなたのお姉さんは本当に背が高く、こんなに美しいです。彼女はボーイフレンドがいますか？

　Nǐ yào gěi tā jièshào yíge ma?
　你 要 给 她 介绍 一个 吗？
　あなたは彼女に1人紹介してあげたいですか？

2 副詞の空所補充問題

1) B
　Zài hē yìdiǎnr ba.
　再 喝（一点儿）吧。
　もう少し飲んでください。

2) A
　Tāmen sìge rén měitiān dōu yìqǐ chīfàn.
　他们 四个 人 每天（都）一起 吃饭。
　彼ら4人は毎日みんな一緒にご飯を食べます。

3) D
　Nǐ xiànzài hái zài jiāli ma?
　你 现在（还）在 家里 吗？
　あなたは今まだ家にいますか？

3 副詞を使った文の読み取り問題

1) ✗
   Zhèxiē zhuōzi hé yǐzi dōu shì yìbǎi duōnián qián zuò de, suǒyǐ bǐ
   这些 桌子 和 椅子 都 是 100 多年 前 做 的, 所以 比
   xiànzài de yào guì hěn duō.
   现在 的 要 贵 很 多。
   これらの机と椅子はみんな100年あまり前に作られたものです。だから今のに比べて値段がかなり高いはずです。

   Zhèxiē zhuōzi, yǐzi dōu hěn xīn.
   ★这些 桌子, 椅子 都 很 新。
   これらの机や椅子はみんな新しいです。

2) ✗
   Bàba yǐjīng shuìjiào le, nǐ míngtiān zài dǎ diànhuà ba.
   爸爸 已经 睡觉 了, 你 明天 再 打 电话 吧。
   お父さんはもう寝ましたので、明日また電話をしてください。

   Bàba zài dǎ diànhuà.
   ★爸爸 在 打 电话。
   お父さんは電話しています。

3) ✓
   Shuǐguǒ zhōng, wǒ zuì ài chī píngguǒ hé xīguā. Wǒ měitiān dōu yào
   水果 中, 我 最 爱 吃 苹果 和 西瓜。我 每天 都 要
   chī yíge píngguǒ, yīshēng shuō, duō chī píngguǒ duì shēntǐ hǎo.
   吃 一个 苹果, 医生 说, 多 吃 苹果 对 身体 好。
   果物の中で、私はリンゴとスイカを食べるのが一番好きです。私は毎日リンゴ1つを食べなければなりません。医者がたくさんリンゴを食べるのは体にいいと言いました。

   Wǒ juéde xīguā hěn hǎochī.
   ★我 觉得 西瓜 很 好吃。
   私はスイカはおいしいと思っています。

UNIT 13 疑問文

<small>Nǐ wèishénme yào zǎoqǐ?</small>
你 为什么 要 早起?

あなたはなぜ早起きしなければならないのですか?

中国語は疑問文を作るとき、語順はそのままで、聞きたい事柄がある部分を疑問代詞に置き換えて表現します。また、1級では文末に「吗 (ma)」をつけて作る疑問文を学びましたが、このUNITでは動詞部分を「動詞＋否定＋動詞」の形に変えて作る正反疑問文を学びます。

覚えておきたい基本単語

○	为什么	wèishénme	なぜ
	因为	yīnwèi	なぜなら・〜なので
☆	别	bié	〜しないでください（禁止表現→ UNIT17 参照）
△	它	tā	それ（事物や動植物を指す）
△	姓	xìng	姓・名字・名字は〜である
	中学	zhōngxué	中学校
☆	走	zǒu	歩く・進む・行く
	右边	yòubian	右側

POINT 1 疑問代詞を使った疑問文

疑問代詞の代表的なものには、「为什么(なぜ)」「怎么(なぜ・どのように)」「什么(何)」「怎么样(どのようであるか)」などがあります。ここでは2級の聴解問題でしばしば耳にする疑問の表現を見ていきます。

「为什么」

「なぜ」と理由を尋ねるときには「为什么」を使います。

女的 为什么 要 早起?
Nǚde wèishénme yào zǎoqǐ?
女の人はなぜ早起きしなければならないのですか?

「为什么」はその理由を問いただすようなニュアンスがありますので、話者は相手に理由の説明を求めています。ふつう答えるときは「因为」を文頭に置いて、理由を説明する文で答えます。

因为 明天 要 到 机场 *接 一个 朋友。
Yīnwèi míngtiān yào dào jīchǎng jiē yíge péngyou.
明日空港まで友達を迎えに行かなければならないからです。

*接(3級):迎えに行く

2つの「怎么」

「怎么」には「どのように、どうやって」と手段を聞く使い方と、「どうして」と理由を聞く使い方があります。2つは文脈から判断することが基本ですが、形の上から類推をすることもある程度可能です。「どうやって」「どうして」という意味になる場合が多い文型をそれぞれ見てみましょう。

● 「どうやって」の意味の「怎么」

怎么 + 動詞

别 说话, 听听 她 怎么 回答 这个 题。
Bié shuōhuà, tīngting tā zěnme huídá zhège tí.
おしゃべりしないで、彼女がこの問題にどのように答えるのか聞いてみましょう。

形から見分けることはできませんが、文脈から「どうやって~するのか」と聞いていることがわかります。
文末に「的」がある場合には「どうやって」という意味になることが多いです。

怎么 + 動詞 +的

这个 菜 怎么 做 的?
Zhège cài zěnme zuò de?
この料理はどうやって作ったのですか?

● 「どうして」の意味の「怎么」

文末に「了」がある場合、または「怎么」と動詞の間に「不」など何か別の言葉がくる場合は「どうして」という意味になることが多いです。

怎么 + 動詞 + 了

Nǐ zěnme lái le?
你 怎么 来 了?
あなたはどうして来たのですか。

Jīntiān yǒu shíjiān.
今天 有 时间。
今日は時間がありましたから。

怎么 + ( ) + 動詞

Gǒu jīntiān zěnme bù chī dōngxi?
狗 今天 怎么 不 吃 东西?
犬は今日どうしてものを食べないのですか?

Tā kěnéng shēngbìng le.
它 可能 生病 了。
おそらく病気になったからです。

「どうして」という意味の「怎么」は、「为什么」のように、相手に問いただすニュアンスはなく、独り言のように「どうして〜なの」というときによく使います。

HSKの例文 — 2つの意味の「怎么」

次の「怎么」はそれぞれどのように訳したらいいでしょうか。語順に注目して訳してみましょう。

Ⅰ A：Nǐ měitiān zěnme qù shàngxué?
你 每天 怎么 去 上学?
B：Zuò gōnggòngqìchē.
坐 公共汽车。

Ⅱ A：Nǐ zěnme jiǔdiǎn jiù shuìjiào le?
你 怎么 九点 就 睡觉 了?
B：Yīnwèi míngtiān yào zǎoqǐ.
因为 明天 要 早起。

【答え】
Ⅰ A：あなたは毎日どうやって学校に通っているのですか?
B：バスに乗って通います。
Ⅱ A：あなたはどうして9時に寝るのですか?
B：明日早起きしなければならないので。

「什么」

「什么」(shénme) を聞きたいところに置くだけで、「何」と聞く文になります。

你 姓 什么?
Nǐ xìng shénme?
あなたは何という名字ですか？

「什么＋名詞」

「什么」(shénme) は「何」という意味の疑問代詞ですが、名詞の前に置くと「どんな〜」という意味になります。よく使われる表現に「什么时候」(shénmeshíhou)「什么意思」(shénmeyìsi) があります。

● 什么时候：いつ

你 什么 时候 回来?
Nǐ shénme shíhou huílái?
あなたはいつ帰って来ますか？

● 什么意思：どんな意味

这个 汉字 是 什么 意思?
Zhège Hànzì shì shénme yìsi?
この漢字はどんな意味ですか？

「怎么样」

「どのようであるか」を尋ねるのが「怎么样」(zěnmeyàng) です。状態を尋ねるので、答えは形容詞になります。

今天 天气 怎么样?　　很 好。
Jīntiān tiānqì zěnmeyàng?　Hěn hǎo.
今日は天気はどうですか？　いいです。

POINT 2 正反疑問文

中国語の疑問文は、文末に「吗 ma」を置いて作ることができますが、動詞や形容詞部分を「動詞・形容詞＋不 bù＋動詞・形容詞」の形にしても疑問文を作ることができます。

● 肯定文

你 去 北京。
Nǐ qù Běijīng.
あなたは北京へ行きます。

这个 菜 很 好吃。
Zhège cài hěn hǎochī.
この料理はおいしいです。

● 「吗」を使った疑問文

你 去 北京 吗?
Nǐ qù Běijīng ma?
あなたは北京へ行きますか？

这个 菜 好吃 吗?
Zhège cài hǎochī ma?
この料理はおいしいですか？

● 正反疑問文

「動詞や形容詞の肯定形＋否定形」で疑問の意味を表すことができます。このとき、「不」は軽声で読まれます。

[動詞] ＋ 不 ＋ [動詞]

你 去 不 去 北京?
Nǐ qù bu qù Běijīng?
あなたは北京へ行きますか？

[形容詞] ＋ 不 ＋ [形容詞]

这个 菜 好吃 不 好吃?
Zhège cài hǎochī bu hǎochī?
この料理はおいしいですか？

「去买东西（買い物に行く）qù mǎi dōngxi」のような連動文の場合、以下のように前の動詞を「肯定＋否定」とします。

去 不 去 买 东西?
qù bu qù mǎi dōngxi
買い物へ行きますか？

HSKの例文 — 道を尋ねる問題

道を尋ねて、最終的にどこへ行くのかを質問する問題もHSKではよく出題されます。これは聴解の第4部分の問題です。中国語の会話を聞いて、次の質問に答えましょう。

女：请问, 第十中学 怎么 走?
　　Qǐngwèn, dìshízhōngxué zěnme zǒu?

男：您 向 前 走, 就 在 路 的 右边。
　　Nín xiàng qián zǒu, jiù zài lù de yòubian.

女：谢谢 你, 再见。
　　Xièxie nǐ, zàijiàn.

男：不 客气。
　　Bú kèqi.

问：女 的 要 去 哪儿?
　　Nǚ de yào qù nǎr?

【答え】 第十中学 （第10中学）
　　　　dì-shízhōngxué

女 ：お尋ねしますが、第10中学はどうやって行くのですか？
男 ：前に行くと、道の右側にあります。
女 ：ありがとうございます。さようなら。
男 ：どういたしまして。
問 ：女の人はどこへ行くつもりですか？

● ポイント！

女の人が最初に「第十中学 (dì-shízhōngxué)」と言っていたのを聞き取れたかどうかを尋ねる問題です。
「怎么 (zěnme) ＋動詞」で「どうやって～する」と手段を尋ねる意味になります。

補充単語

△	门	mén	門・扉
	黑	hēi	黒い（「黑色」で黒い色）・暗い
	睡着	shuìzháo	寝る・寝つく
	～再…	zài	～してから…する

UNIT 13　練習問題　t2Q-19-U13R

1 次の1～3の中国語と組み合わせて意味が通るものをA～Cの中から選んでそれぞれ日本語に訳しましょう。

> Hái kěyǐ, yǒuméiyǒu dà yìdiǎnr de?
> A 还可以，有没有 大 一点儿 的?
> Wǒ zài mén wài kàndào tā de zìxíngchē le.
> B 我 在 门 外 *¹看到 他 的 自行车 了。
> Méi shénme. Jīntiān de gōngzuò wǒ méi zuò hǎo.
> C 没 什么。今天 的 工作 我 没 *²做 好。

Nǐ zěnme zhīdào Xiǎo Wáng lái le?
1) 你 怎么 知道 小 王 来 了?

Nín kàn zhège fángjiān zěnmeyàng?
2) 您 看 这个 房间 怎么样?

Nǐ zěnme le?
3) 你 怎么 了?

1) _____　訳 _____

2) _____　訳 _____

3) _____　訳 _____

*1　看到（kàndào）：見つける（「到 dào」は結果補語→UNIT19参照）
*2　做好（zuòhǎo）：うまくやる（「好 hǎo」は結果補語→UNIT19参照）

2 (　)に入る語をA～Dの中から選び、完成した文を日本語に訳しましょう。

> zěnmeyàng　　　zěnme　　　wèishénme　　　shénme
> A 怎么样　　B 怎么　　C 为什么　　D 什么

Zhège diànyǐng
1) A：这个 电影 (　　)?
   Hěn hǎo.
   B：很 好。

Nǐ xīn mǎi de chē shì　　　　yánsè?　　Hēisè de.
2) A：你 新 买 的 车 是 (　　) 颜色?　B：黑色 的。

Zhège Hànzì　　　xiě?
3) 这个 汉字 (　　) 写?

1) _____　訳 _____

2) _____　訳 _____

3) _____　訳 _____

3 次の中国語を日本語に訳しましょう。また、会話を聞いて、質問に対する答えをA〜Cの中から選びましょう。

1) Nán de wèishénme bú qù kàn diànyǐng?
   男 的 为什么 不 去 看 电影?
     tài lèi le   kàn guo le   yǒu bié de shì
   A 太 累 了 B 看 *过 了 C 有 别 的 事

2) Nán de wèishénme bú shuìjiào?
   男 的 为什么 不 睡觉?
     yào hēshuǐ   yào chī mǐfàn   yào chī píngguǒ
   A 要 喝水 B 要 吃 米饭 C 要 吃 苹果

3) Tāmen wèishénme méi qù tī zúqiú?
   他们 为什么 没 去 踢 足球?
     xià yǔ le   tài máng le   yào kǎoshì le
   A 下 雨 了 B 太 忙 了 C 要 考试 了

4) Nán de wèishénme gěi nǚ de dǎ diànhuà?
   男 的 为什么 给 女 的 打 电话?
     xiǎng chànggē xiǎng kàn diànshì xiǎng kàn diànyǐng
   A 想 唱歌 B 想 看 电视 C 想 看 电影

1) 訳＿＿＿＿＿＿＿＿＿＿＿＿＿＿＿＿＿＿＿＿＿＿　＿＿＿＿

2) 訳＿＿＿＿＿＿＿＿＿＿＿＿＿＿＿＿＿＿＿＿＿＿　＿＿＿＿

3) 訳＿＿＿＿＿＿＿＿＿＿＿＿＿＿＿＿＿＿＿＿＿＿　＿＿＿＿

4) 訳＿＿＿＿＿＿＿＿＿＿＿＿＿＿＿＿＿＿＿＿＿＿　＿＿＿＿

*过^{guo}：〜したことがある（経験）・〜し終わった（終結）。ここでは、終結の意味で使われています。
このとき、しばしば「了^{le}」と同時に使われます（→UNIT16参照）。

UNIT 13 解答

1 疑問代詞を使った会話文の組み合わせ問題

1) B Nǐ zěnme zhīdào Xiǎo Wáng lái le?
   你 怎么 知道 小 王 来 了？
   あなたはどうして王さんが来たのがわかったのですか？
   Wǒ zài mén wài kàndào tā de zìxíngchē le.
   我 在 门 外 看到 他 的 自行车 了。
   私はドアの外で彼の自転車を見つけました。

2) A Nín kàn zhège fángjiān zěnmeyàng?
   您 看 这个 房间 怎么样？
   あなたはこの部屋をどう思いますか？
   Hái kěyǐ, yǒuméiyǒu dà yìdiǎnr de?
   还 可以，有没有 大 一点儿 的？
   まあまあです。もう少し大きいのはありませんか？

3) C Nǐ zěnme le?
   你 怎么 了？
   どうしましたか？
   Méi shénme. Jīntiān de gōngzuò wǒ méi zuò hǎo.
   没 什么。今天 的 工作 我 没 做 好。
   何でもありません。今日の仕事はうまくやれませんでした。

「怎么了」は決まり文句で、「どうしましたか」という意味です。後ろに「了」が来ますが「なぜ」の意味ではないので注意しましょう。

2 疑問代詞の空所補充問題

1) A　A：Zhège diànyǐng zěnmeyàng?
   这个 电影 (怎么样)？
   この映画はどうですか？
   B：Hěn hǎo.
   很 好。
   いいです。

2) D　A：Nǐ xīn mǎi de chē shì shénme yánsè?
   你 新 买 的 车 是 (什么) 颜色？
   あなたが新しく買った車は何色ですか？
   B：Hēisè de.
   黑色 的。
   黒です。

3) B　Zhège Hànzì zěnme xiě?
   这个 汉字 (怎么) 写？
   この漢字はどう書きますか？

3 疑問代詞の訳の問題と会話文の聞き取り問題

1) 男の人はどうして映画を見に行かないのですか？
   B kàn guo le
   看 过 了 （もう見ました）
   Wǒmen xiàwǔ qù kàn diànyǐng, hǎo ma?
   女：我们 下午 去 看 电影，好 吗？
   私たちは午後映画を見に行くのはどうですか？

　　　　　　　Wǒ shàngge xīngqī yǐjīng kànguo le, wǒmen qù yóuyǒng ba.
　　男：我 上个 星期 已经 看过 了，我们 去 游泳 吧。
　　　　私は先週すでに見ましたので、泳ぎに行きましょう。

2) 男の子はどうして寝ないのですか？

　　　　yào chī píngguǒ
　　C　要 吃 苹果　（リンゴを食べたい）

　　　　　　Māma, nǐ shuìzháo le ma?
　　男：妈妈，你 睡着 了吗？
　　　　お母さん、寝ましたか？

　　　　　　Búyào shuōhuà le, kuài shuìjiào ba.
　　女：不要 说话 了，快 睡觉 吧。
　　　　話さないで、早く寝ましょう。

　　　　　　Wǒ xiǎng chī ge píngguǒ zài shuì.
　　男：我 想 吃个 苹果 再睡。
　　　　私はリンゴを食べてから寝たいです。

　　　　　　Píngguǒ yǐjīng shuìjiào le.
　　女：苹果 已经 睡觉 了。
　　　　リンゴはもう寝てしまったよ。

3) 彼らはどうしてサッカーをしに行かなかったのですか？

　　　　xià yǔ le
　　A　下 雨 了　（雨が降った）

　　　　　　Zuótiān méi tī zúqiú?
　　女：昨天 没 踢 足球？
　　　　昨日サッカーをしなかったのですか？

　　　　　　Yīnwèi xià yǔ, suǒyǐ wǒmen dōu méi qù.
　　男：因为 下 雨，所以 我们 都 没 去。
　　　　雨が降ったので、私たちはみんな行きませんでした。

「没」は「了」を使った文を否定するときに使う言葉です。「我们 都 没 去」の肯定文は「我们 都 去了」です。否定文になると「了」は消えます（「了」→UNIT14参照）。

4) 男の人はどうして女の人に電話をしたのですか？

　　　　xiǎng kàn diànyǐng
　　C　想 看 电影　（映画を見たい）

　　　　　　Nǐ gěi wǒ dǎ diànhuà le? Duìbuqǐ, shénme shì?
　　女：你 给 我 打 电话 了？对不起，什么 事？
　　　　あなたは私に電話をしましたか？すみません、何か用事ですか？

　　　　　　Wǒ xiǎng wèn nǐ wǎnshang qùbuqù kàn diànyǐng.
　　男：我 想 问 你 晚上 去不去 看 电影。
　　　　私はあなたが夜映画を見に行くかどうか聞きたかったのです。

「去看」は動詞を2つ続ける連動文ですが、これを正反疑問文にするときは、前の動詞「去」を「去不去」という形にします。

Part 3　実践問題

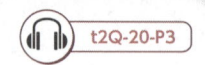

听　力

1　音声を聞いて、写真の内容と合致するものは「✓」、合致しないものは「×」と答えましょう。

1) 　　　　　　　　2) 　　　　　　　　3)

1) _____　　2) _____　　3) _____

2　音声を聞いて、その内容に合う写真を選びましょう。

A 　　　　　　　　B 　　　　　　　　C

1) _____　　2) _____　　3) _____

3 会話を聞いて、質問に対する答えをA～Cの中から1つ選びましょう。

1) A 有(yǒu)　　　B 没有(méi yǒu)　　　C 是(shì)
2) A 女的(nǚ de)　　B 小王(Xiǎo Wáng)　　C 男的(nán de)
3) A 喜欢(xǐhuan)　　B 游泳(yóuyǒng)　　C 旅游(lǚyóu)

1) _____　2) _____　3) _____

1) ＊买给(mǎigěi)～：（人）に買い与える（「給」は結果補語→UNIT19）

4 会話を聞いて、質問に対する答えをA～Cの中から1つ選びましょう。

1) A 在吃苹果(zài chī píngguǒ)　B 在喝咖啡(zài hē kāfēi)　C 在做饭(zài zuòfàn)
2) A 工作(gōngzuò)　　B 学校(xuéxiào)　　C 公司(gōngsī)
3) A 喜欢(xǐhuan)　　B 认识(rènshi)　　C 不认识(bú rènshi)

1) _____　2) _____　3) _____

1) ＊「在(zài)＋動詞」：～している（進行→UNIT15参照）
　＊笑笑(Xiàoxiao)：小名(xiǎomíng)（中国の子供が本名とは別にみんな持っている愛称）
　＊一点儿(yìdiǎnr)：ここでは「ちょっと」という意味ではなく、語気をやわらげる働き

Part 3　実践問題

阅　读

1　次の文の内容に合う写真を選び記号で答えましょう。

A　　　　　　　B　　　　　　　C

1) Zhào xiǎojiě jīntiān zěnme zhème gāoxìng?
   赵 小姐 今天 怎么 这么 高兴？

2) Zhèjiàn yīfu shì sònggěi bàba de.
   这件 衣服 是 送给 爸爸 的。

3) Wǒ nǚ'ér fēicháng xǐhuan yùndòng.
   我 女儿 非常 喜欢 运动。

1) _____　2) _____　3) _____

2　(　　) に入る語をA～Cの中から選び、完成した文を日本語に訳しましょう。

　　A zěnme 怎么　　B dōu 都　　C gěi 给

1) Jiějie sòng　　　wǒ yìzhāng diànyǐng piào.
   姐姐 送（　）我 一张 电影 票。

2) Wǒ měitiān zǎoshang　　　hē kāfēi.
   我 每天 早上（　）喝 咖啡。

3) Nǐ jīntiān　　　bú qù mǎi cài?
   男：你 今天（　）不 去 买 菜？
   Tiān tài lěng le.
   女：天 太 冷 了。

1) _____　訳 _____
2) _____　訳 _____
3) _____　訳 _____

3 文を読んで、★の文が内容と合致する場合は「✓」、合致しない場合は「×」で答えましょう。

1) 小刘，别工作了，休息休息吧。
   Xiǎo Liú, bié gōngzuò le, xiūxixiūxi ba.
   ★ 小刘在工作。
   Xiǎo Liú zài gōngzuò.

2) 这件衣服太大了，我们去 *1别的店看看吧。
   Zhèjiàn yīfu tài dà le, wǒmen qù bié de diàn kànkan ba.
   ★ 他们买了那件衣服。
   Tāmen mǎi le nàjiàn yīfu.

3) 爸爸，我想吃 *2点儿西瓜。
   Bàba, wǒ xiǎng chī diǎnr xīguā.
   ★ 他在吃西瓜。
   Tā zài chī xīguā.

1) _____   2) _____   3) _____

*1 别的：別の～
    bié de
*2 点儿：一点儿の「一」が省略されたものです。
    diǎnr yìdiǎnr yì

4 次の1～3の中国語と組み合わせて意味が通るものを、A～Cの中から選びましょう。

> A 老师上课说的话你 *1懂不懂？
>   Lǎoshī shàngkè shuō de huà nǐ dǒngbudǒng?
> B 妈妈，我最爱吃你做的菜了。
>   Māma, wǒ zuì ài chī nǐ zuò de cài le.
> C 我喜欢中国，很想去中国旅游。
>   Wǒ xǐhuan Zhōngguó, hěn xiǎng qù Zhōngguó lǚyóu.

1) 你为什么学习汉语？
   Nǐ wèishénme xuéxí Hànyǔ?

2) 都是给你做的，多吃点儿。
   Dōu shì gěi nǐ zuò de, duō chī diǎnr.

3) 不太懂，太 *2难了！
   Bú tài dǒng, tài nán le!

1) _____   2) _____   3) _____

*1 懂：わかる
    dǒng
*2 难（3級）：難しい
    nán

Part 3 解答

听力

1 聞き取り問題（第1部分）

1) ✓ Xiǎo Lǐ shì wǒ de péngyou, wǒmen měitiān zhōngwǔ yìqǐ chīfàn.
小 李 是 我 的 朋友，我们 每天 中午 一起 吃饭。
李さんは私の友達で、私たちは毎日昼一緒にご飯を食べます。

2) ✓ Lǐ Míng shì xuéxiào li zuì gāo de xuésheng.
李 明 是 学校 里 最 高 的 学生。
李明さんは学校で一番背が高い学生です。

3) ✗ Nǐ xiǎngbuxiǎng qù Shànghǎi lǚyóu?
你 想不想 去 上海 旅游？
あなたは上海に旅行へ行きたいですか？

「能願動詞＋動詞」の文章を正反疑問文にするとき、能願動詞の部分を「能願動詞＋不＋能願動詞」の形にして表現します。

2 聞き取り問題（第2部分）

1) B　男：Míngtiān yìqǐ qù yóuyǒng, zěnmeyàng?
明天 一起 去 游泳，怎么样？
明日一緒に泳ぎに行くのはどうですか？

女：Duìbuqǐ, wǒ bú huì yóuyǒng.
对不起，我 不 会 游泳。
すみません、私は泳げません。

「一起」は「一緒に」と範囲を示す副詞です。

2) A　男：Nǐ wèishénme bù chī yángròu?
你 为什么 不 吃 羊肉？
あなたはどうして羊の肉を食べないのですか？

女：Wǒ bù xǐhuan chī.
我 不 喜欢 吃。
私は（羊の肉を）食べるのが好きではありません。

「为什么」は「なぜ」とその理由を尋ねる疑問代詞です。

3) C　女：Zhè zhāng zhuōzi tài zhòng le, bāngbang wǒ?
这 张 桌子 太 重 了，帮帮 我？
この机はとても重いです。ちょっと手伝ってくれませんか？

男：Méi wèntí.
没 问题。
いいですよ。

動詞の重ね型「ちょっと〜してみる」

3 聞き取り問題（第 3 部分）

1) B 没有 méi yǒu （持っていません）

男：这是我妈妈买给我的手机，怎么样？
Zhè shì wǒ māma mǎi gěi wǒ de shǒujī, zěnmeyàng?
これは私の母が私に買ってくれた携帯電話です、どうですか？

女：不错。我希望我妈妈也能给我买手机。
Bú cuò. Wǒ xīwàng wǒ māma yě néng gěi wǒ mǎi shǒujī.
すばらしいです。私は私の母も私に携帯電話を買ってくれたらなと思います。

问：女的有手机吗？
Nǚ de yǒu shǒujī ma?
女の人は携帯電話を持っていますか？

2) B 小王 Xiǎo Wáng （王さん）

女：上午是不是你找我，什么事？
Shàngwǔ shìbushì nǐ zhǎo wǒ, shénme shì?
午前中、私を探していましたか。何の用ですか？

男：我没找你，是小王。
Wǒ méi zhǎo nǐ, shì Xiǎo Wáng.
私はあなたを探していません。王さんです。

问：男的找谁有事？
Nán de zhǎo shéi yǒushì?
男の人は用があって誰を探していたのですか？

3) B 游泳 yóuyǒng （水泳）

男：我每天早上都去游泳。
Wǒ měitiān zǎoshang dōu qù yóuyǒng.
私は毎朝泳ぎに行きます。

女：我最不喜欢游泳了。
Wǒ zuì bù xǐhuan yóuyǒng le.
私は泳ぐのが一番好きではありません（一番嫌いです）。

问：男的每天早上做什么？
Nán de měitiān zǎoshang zuò shénme?
男の人は毎朝何をしていますか？

Part 3 解答

4 聞き取り問題(第4部分)

1) A 在吃苹果（リンゴを食べています）
   zài chī píngguǒ

   女：笑笑，这苹果好吃吗?
   Xiàoxiao, zhè píngguǒ hǎo chī ma?
   笑笑、このリンゴはおいしいですか？

   男：好吃，我很喜欢。
   Hǎo chī, wǒ hěn xǐhuan.
   おいしいです。私はとても好きです。

   女：多吃一点儿，还有很多呢。
   Duō chī yìdiǎnr, háiyǒu hěn duō ne.
   たくさん食べてね、まだたくさんあるから。

   男：好!
   Hǎo!
   はい！

   问：笑笑在做什么?
   Xiàoxiao zài zuò shénme?
   笑笑は何をしているところですか？

2) C 公司（会社）
   gōngsī

   女：下这么大雨，你还出去?
   Xià zhème dàyǔ, nǐ hái chū qù?
   こんなに大雨が降っているのに、あなたは外出するの？

   男：我要去公司一下儿。
   Wǒ yào qù gōngsī yíxiàr.
   私はちょっと会社へ行かなければなりません。

   女：别生病了!
   Bié shēngbìng le!
   病気にならないでね！

   男：没关系，我坐出租车去。
   Méi guānxi, wǒ zuò chūzūchē qù.
   大丈夫、タクシーで行くから。

   问：男的要去哪儿?
   Nán de yào qù nǎr?
   男の人はどこへ行かなければならないのですか？

3) C 不 认识（知りません）

男：姐，我 不 认识 这个 字，怎么 读？
   Jiě, wǒ bú rènshi zhège zì, zěnme dú
   お姉さん、私はこの字を知らないのだけれど、どう読むのですか？

女：我 也 不 认识，你 去 问问 爸爸。
   Wǒ yě bú rènshi, nǐ qù wènwen bàba.
   私も知らないから、お父さんにちょっと聞きにいってみて。

男：你 还 大学生 呢？
   Nǐ hái dàxuéshēng ne?
   あなたはそれでも大学生なの？

女：这个 字 太 难 了！
   Zhège zì tài nán le!
   この字はとても難しいのよ！

问：姐姐 认识 那个 字 吗？
   Jiějie rènshi nàge zì ma?
   お姉さんはその字を知っていますか？

Part 3 解答

阅读

1 読解問題（第1部分）

1) A 赵小姐今天怎么这么高兴？
   Zhào xiǎojiě jīntiān zěnme zhème gāoxìng?
   趙さんは今日どうしてこんなにうれしいのですか？

2) C 这件衣服是送给爸爸的。
   Zhèjiàn yīfu shì sònggěi bàba de.
   この服はお父さんに贈るものです。

3) B 我女儿非常喜欢运动。
   Wǒ nǚ'ér fēicháng xǐhuan yùndòng.
   私の娘はとても運動が好きです。

2 読解問題（第2部分）

1) C 姐姐送（给）我一张电影票。
   Jiějie sòng gěi wǒ yìzhāng diànyīng piào.
   お姉さんは私に映画のチケットを一枚くれました。

2) B 我每天早上（都）喝咖啡。
   Wǒ měitiān zǎoshang dōu hē kāfēi.
   私は毎朝コーヒーを飲みます。

3) A 男：你今天（怎么）不去买菜？
   Nǐ jīntiān zěnme bú qù mǎi cài?
   今日はどうしておかずを買いに行かないのですか？
   女：天太冷了。
   Tiān tài lěng le.
   気候がとても寒いですから。

3 読解問題（第 3 部分）

1) ✓ Xiǎo Liú, bié gōngzuò le, xiūxixiūxi ba.
　　　小 刘，别 工作 了，休息休息 吧。
　　　劉さん、仕事しないで、少し休みましょう。

　　　Xiǎo Liú zài gōngzuò.
　　★小 刘 在 工作。
　　　劉さんは仕事をしています。

2) ✗ Zhèjiàn yīfu tài dà le, wǒmen qù bié de diàn kànkan ba.
　　　这件 衣服 太 大 了，我们 去 别 的 店 看看 吧。
　　　この服は大きすぎます、別の店に行ってちょっと見てみましょう。

　　　Tāmen mǎi le nàjiàn yīfu.
　　★他们 买 了 那件 衣服。
　　　彼らはその服を買いました。

3) ✗ Bàba, wǒ xiǎng chī diǎnr xīguā.
　　　爸爸，我 想 吃 点儿 西瓜。
　　　お父さん、私はちょっとスイカが食べたいです。

　　　Tā zài chī xīguā.
　　★他 在 吃 西瓜。
　　　彼はスイカを食べています。

4 読解問題（第 4 部分）

1) C Nǐ wèishénme xuéxí Hànyǔ?
　　　你 为什么 学习 汉语？
　　　あなたはどうして中国語を勉強しているのですか？

　　　Wǒ xǐhuan Zhōngguó, hěn xiǎng qù Zhōngguó lǚyóu.
　　　我 喜欢 中国，很 想 去 中国 旅游。
　　　私は中国が好きで、中国へ旅行に行きたいと思っています。

2) B Dōu shì gěi nǐ zuò de, duō chī diǎnr.
　　　都 是 给 你 做 的，多 吃 点儿。
　　　みんなあなたのために作ったものですから、たくさん食べてください。

　　　Māma, wǒ zuì ài chī nǐ zuò de cài le.
　　　妈妈，我 最 爱 吃 你 做 的 菜 了。
　　　お母さん、私はあなたが作った料理を食べるのが一番好きです。

3) A Lǎoshī shàngkè shuō de huà nǐ dǒngbudǒng?
　　　老师 上课 说 的 话 你 懂不懂？
　　　先生が授業中話す言葉があなたはわかりますか？

　　　Bú tài dǒng, tài nán le!
　　　不 太 懂，太 难 了！
　　　あまりわかりません。とても難しいです！

Part 4

UNIT14　完了のアスペクト「了」と語気助詞の「了」

UNIT15　進行・持続のアスペクト

UNIT16　経験・将来のアスペクト～「过」・「要～了」～

UNIT 14 完了のアスペクト「了」と語気助詞の「了」

t2Q-21-U14

Wǒ mǎi le yíge xīn diànnǎo.
我 买 了 一个 新 电脑。

私は新しいコンピューターを買いました。

日本語も英語も、動詞自体を変化させて、過去形、現在形を表現しますが、中国語の動詞は語形を変化させることがありません。つまり、中国語には、動詞自体が現在・過去・未来を示す時制（テンス）というルールがないのです。しかし、動詞の状態を説明する相（アスペクト）というものがあります。この UNIT では、代表的なアスペクトについて学びます。

覚えておきたい基本単語

	睡着	shuìzháo	寝付く（「着」は結果補語→ UNIT19 参照）
○	早上	zǎoshang	朝
	～这儿	zhèr	～のところ（「～那儿」も同じ）
	叫	jiào	～という（名前）
☆	错	cuò	間違える

POINT 1 「了」の用法

「了」には2つの用法があり、それぞれが異なる役割を持っています。
1　文末に置いて変化の意味を示すもの→語気助詞
2　動詞の後ろに置いて完了の意味を示すもの→完了のアスペクト

アスペクトとは

表のように、動詞の前後に言葉をつけることで、完了、進行、持続、経験、将然など、動詞の状況を説明するのがアスペクトです。このUNITでは「了」について学びます。

アスペクト表現			意　味
──	動詞	了 (le)	完了（〜してしまった）
正在 (zhèngzài)		〜呢 (ne)（文末）	進行（〜している）
──		*1 着 (zhe)	持続（〜している）
──		过 (guo)	経験（〜したことがある）
要, 快, 快要, 就要 (yào, kuài, kuàiyào, jiùyào)		〜了 (le)（文末）	*2 将然（まもなく〜する）

*1　着 (zhe)：結果補語の「着 (zháo)」とは発音が違うので注意（→UNIT15参照）
*2　将然：将来の状態を表すもの

変化を表す「了」（語気助詞）

文末に「了」を置くと、「〜なった」という変化を表すことができます。

我 会 开车 了。
Wǒ huì kāichē le.
私は車を運転できるようになりました。

我 看 书 了。
Wǒ kàn shū le.
私は本を読みました。

日本語訳では「〜なった」だけでなく「〜ました」などと過去形のように表現されますが、中国語では「車の運転ができない状態→できる状態」「本を読んでいない状態→本を読んだ状態」のように、状態の変化を表しています。

完了を表す「了」（完了のアスペクト）

動詞の後ろに「了」をつけると、動作の完了を表すことができます。

動詞 ＋ 了

我 看 了。
Wǒ kàn le.
私は見ました。

● 動詞＋完了の「了」＋目的語

動詞に目的語がつく場合には注意が必要です。

①目的語が「书」や「茶」のように、修飾語のつかない一般的な名詞がくる場合には、「了」の後にそのまま目的語を置くと、「～して、…」と、その先に文が続くニュアンスとなってしまい、このまま文を終わらせることができません。

[動詞] ＋ 了 ＋ [名詞]

× 我看了书。　　○ 我看了书，…
　　　　　　　　　　私は本を読んで、…

このように特定のものを指す目的語でない場合、文末に変化を表す「了」を置くことで文を終わらせることができるようになります。しかし、動詞の後の完了の「了」を省略するほうが自然です。

○ 我看了书了。　　◎ 我看书了。
　私は本を読みました。

②目的語に「三本书」や「今天的（今日の）」など、修飾語のついた名詞がくる場合は「了」の後にそのまま目的語を置いて文を終えることができます。

[動詞] ＋ 了 ＋ [[修飾語] ＋ [名詞]]

我看了三本书。
私は3冊の本を読みました。

> 変化を表す「了」を使ってもよいです。
> 我看了三本书了。
> 文末に「了」をつけると、今もその動作が継続している意味になります。この場合はまだ今も本を読んでいる状況を示します。

＊ この場合、目的語は「連体修飾語（数量詞など）＋名詞＝限定語」となっています。名詞の前に「三本（三冊）」「今天的（今日の）」などの修飾語がつくと意味が限定され、「《あの》本を読んだ」というように完了の意味を表すことができます。

POINT 2　完了の「了」は過去形ではない！
―現在、過去、未来でも使うことができる―

「了」は動詞の後ろについて、「～してしまった」という完了の意味を示します。日本語に訳すと過去形のように「～した」となりますが、これは過去形ではありません。

時制表現

中国語の時制表現は、動詞の形を変化させるのではなく、時間を示す語を一緒に使って表現します。

「我 来（私は来る）」というだけでは、「私」は「来た」のか、「これから来る」のか、はっきりわかりません。そこで、時間を示す語を一緒に使って、

　　Míngtiān wǒ lái.
　　明天 我 来。
　　明日私は来ます。

　　Zuótiān wǒ lái.
　　昨天 我 来。
　　昨日私は来ました。

というように、いつ「来る、来た」のかを明確にします。

「了」を使って完了を表す

動詞の後ろに「了」をつけると、その動作が完了したという意味になります。「了」は完了を意味するので、現在、過去、未来を示すどの文でも使うことができます。

● 過去の完了

　　Zuótiān wǒ lái le.
　　昨天 我 来 了。
　　昨日私は来ました。

日本語に訳すと、「昨天 我 来。」との違いを言い表すことができませんが、「了」があると、その行為が終わったということを明確にするニュアンスがあります。

● 現在の完了

中国語では、家に帰ったときに次のようなフレーズをよく使います。

　　Wǒ huílai le.
　　我 回来 了。
　　私は帰ってきました（ただいま）。

これは、時制でいうと、現在形ですが、「了」を使います。

● 未来の完了

これから起こる未来のことでも「了」は使うことができます。

　　Chīle nàge yào, nǐ huì shuìzháo de.
　　吃了 那个 药，你 会 睡着 的。
　　この薬を飲んだら、あなたは寝つけるでしょう。

「了」の否定文

文末の「了(le)」も完了の「了(le)」も、否定文では「没有(méiyǒu)」を動詞の前に置きます。「有(yǒu)」は省略できます。そして、否定文では「了(le)」が消えます。

Wǒ qù xuéxiào le.
我 去 学校 了。
私は学校へ行きました。

➡ Wǒ méi qù xuéxiào.
我 没 去 学校。
私は学校へ行きませんでした。

Tāmen mǎi le zhège yǐzi.
他们 买 了 这个 椅子。
彼らはこの椅子を買いました。

➡ Tāmen méi mǎi zhège yǐzi.
他们 没 买 这个 椅子。
彼らはこの椅子を買いませんでした。

「了」の疑問文

Ⓐ文末の「了(le)」と、Ⓑ完了の「了(le)」の疑問文をそれぞれ確認しましょう。

● 〜吗

文末に「吗(ma)」を置くだけで疑問文になります。

Zǎoshang nǐ kàn bàozhǐ le ma?
Ⓐ 早上 你 看 报纸 了 吗?
朝、あなたは新聞を読みましたか？

Zǎoshang nǐ kàn le jīntiān de bàozhǐ ma?
Ⓑ 早上 你 看 了 今天 的 报纸 吗?
朝、あなたは今日の新聞を読みましたか？

● 正反疑問文

「了(le)」の文の正反疑問文は2通りあります。

①「動詞＋没＋動詞」

正反疑問文では、否定の「没(méi)」を使うので、「了(le)」は消えます。

Zǎoshang nǐ kànmeikàn bàozhǐ?
Ⓐ 早上 你 看没看 报纸?
朝、あなたは新聞を読みましたか？

Zǎoshang nǐ kànmeikàn jīntiān de bàozhǐ?
Ⓑ 早上 你 看没看 今天 的 报纸?
朝、あなたは今日の新聞を読みましたか？

②「〜没有」

文末に「没有(méiyǒu)」を置いても同様に疑問の意味を表すことができます。このとき、「了(le)」は消えません。

Zǎoshang nǐ kàn bàozhǐ le méiyǒu?
Ⓐ 早上 你 看 报纸 了 没有?
朝、あなたは新聞を読みましたか？

Zǎoshang nǐ kàn le jīntiān de bàozhǐ méiyǒu?
Ⓑ 早上 你 看 了 今天 的 报纸 没有?
朝、あなたは今日の新聞を読みましたか？

HSKの例文 「了」を使った会話文

聴解の第4部分の比較的長い会話文です。
これは電話をしている場面です。会話に出てくる「打错 dǎcuò」という言葉を聞き取れるようにしましょう。

女：你好，请问 张 小姐 在 吗？
　　Nǐ hǎo, qǐngwèn Zhāng xiǎojiě zài ma?

男：你 找 谁？
　　Nǐ zhǎo shéi?

女：张 欢，张 小姐 在 这儿 工作 吗？
　　Zhāng Huān, Zhāng xiǎojiě zài zhèr gōngzuò ma?

男：你 *打错 了，我们 这儿 没 有 叫 张 欢 的。
　　Nǐ dǎcuò le, wǒmen zhèr méi yǒu jiào Zhāng Huān de.

问：女 的 怎么 了？
　　Nǚ de zěnme le?

A 生 病 了　B 回答 错 了　C 打 错 电话 了
　shēng bìng le　　huídá cuò le　　dā cuò diànhuà le

*打错：「動詞＋動詞」 電話をかける＋間違える＝電話をかけ間違える（結果補語→UNIT19参照）

【答え】 C 打 错 电话 了　（電話をかけ間違えた）
　　　　　dā cuò diànhuà le

女 ：こんにちは、お尋ねしますが、張さんはいらっしゃいますか？
男 ：誰をお探しですか？
女 ：張歓さんです。張さんはここで仕事をしていますか？
男 ：あなたはかけ間違えです。私たちのところには張歓という者はいませんよ。
問 ：女の人はどうしましたか？

● ポイント！

答えはCです。
聴解問題ではメモを取ることも大切ですが、最初に選択肢を見て、そこから何の話題か想像するのも有効な方法です。3つの選択肢の中で、必ず会話の中で出てくる単語があります。それに着目すると、聞き取りの大きなヒントになります。
Aは病気になった、Bは答え間違えたという意味です。

補充単語

	路上	lùshang	（道の）途中
☆	等	děng	待つ
	大家	dàjiā	みんな・みなさん
	懂	dǒng	わかる
	出院	chūyuàn	退院する

159

UNIT 14　練習問題　t2Q-22-U14R

聞き取りトレーニング

1　音声を聞いて、日本語に訳しましょう。

訳 _____

2　会話を聞いて質問に対する答えをA～Cの中から1つ選びましょう。

1) 问：Shéi zài ménwài?
　　　谁 在 门外?
　　A 爸爸(bàba)　B 妈妈(māma)　C 送 牛奶 的(sòng niúnǎi de)　　1) _____

2) 问：Nán de xiànzài zài nǎr?
　　　男 的 现在 在 哪儿?
　　A 路上(lùshang)　B 船上(chuánshang)　C 飞机上(fēijīshang)　　2) _____

＊～上(shang)：～の上・～の途中

音声内容

1
Nǐ zhǔnbèi hǎo le méiyǒu?
你 准备 好 了 没有?

2
1) 男：Shéi zài ménwài? Shì nǐ māma huí lái le?
　　　谁 在 门外? 是 你 妈妈 回 来 了?
　　女：Búshì, shì sòng niúnǎi de.
　　　不是, 是 送 牛奶 的。

2) 女：Wéi, nǐ dào diànyǐngyuàn le méi?
　　　喂, 你 到 电影院 了 没?
　　男：Wǒ zài lùshang, hěn kuài jiù dào. Nǐ děng wǒ jǐ fēnzhōng.
　　　我 在 路上, 很 快 就 到。你 等 我 几 分钟。

解答　UNIT 14

1　完了の「了」を使った文の訳の問題

準備は整いましたか。

2　完了の「了」を使った会話文の聞き取り問題

1) 【答え】　C　送 牛奶 的（牛乳配達の人）
   sòng niúnǎi de

   男：誰がドアの外にいるのですか？あなたのお母さんが帰って来たのですか？
   女：いいえ、牛乳配達の人です。
   問：誰がドアの外にいますか？

   「回来了」の「了」は動詞の直後に置かれているとともに、文末に置かれていることになります。このような「了」は完了と変化両方の意味を兼ねているとみなします。

2) 【答え】　A　路上（道の途中）
   lùshang

   女：もしもし、あなたは映画館に着きましたか？
   男：私は今道の途中です。もうすぐ着きます。数分待ってください。
   問：男の人は今どこにいますか？

UNIT 14　練習問題

1　次の1～3の中国語と組み合わせて意味が通るものをA～Cの中から選んでそれぞれ日本語に訳しましょう。

> A　Dàjiā hǎo! Wǒ xìng Wáng, shì xīn lái de Hànyǔ lǎoshī.
> 　　大家　好！我　姓　王，是　新　来　的　汉语　老师。
> B　Yǐjing kuài bādiǎn le, nǐ hái chūqù zuò shénme?
> 　　已经　快　八点　了，你　还　出去　做　什么？
> C　Tā hái zài gōngsī gōngzuò.
> 　　她　还　在　公司　工作。

Xiǎo Liú jiào wǒ yìqǐ qù yóuyǒng.
1) 小　刘　*¹叫　我　一起　去　游泳。

Nǐmen tīngdǒng wǒ shuō de huà le ma?
2) 你们　*²听懂　我　说　的　话　了　吗？

Xiǎo Lǐ zài nǎr ne? Nǐ kànjiàn tā le ma?
3) 小　李　在　哪儿　呢？你　看见　她　了　吗？

1) _____　訳 _____
2) _____　訳 _____
3) _____　訳 _____

＊1　叫（jiào）：「叫＋人＋動詞」で「人に～させる」（使役→UNIT17参照）
＊2　听懂（tīngdǒng）：聞いてわかる（結果補語→UNIT19参照）

2　次の中国語を否定文に直し、日本語に訳しましょう。

Qùnián tāmen lái Zhōngguó le.
1) 去年　他们　来　中国　了。

Liú xiǎojiě gěi wǒ dǎ diànhuà le.
2) 刘　小姐　给　我　打　电话　了。

Wǒ chī le zhège yào.
3) 我　吃　了　这个　药。

1) _____　訳 _____
2) _____　訳 _____
3) _____　訳 _____

3 文を読んで、★の文が内容と合致する場合は「✓」、合致しない場合は「×」で答えましょう。

1) 昨天 和 朋友们 在 外面 玩儿 了 一个 晚上， 很 累， 但是 很 高兴。

   ★ 昨天 玩儿*¹得 不 高兴。

2) 我 上星期 去 商店 买 了 新 电脑， 九千多 块钱， 很 便宜。

   ★ 那个 电脑 不 到*² 一万 元。

3) 早上 我 吃 了 药，身体 比 以前 好 多 了。医生 说 下个 星期 可以 出院。

   ★ 他 现在 已经 出院 了。

1) _____ 2) _____ 3) _____

*1　～得…：～するのが…（様態補語→UNIT19参照）
*2　万（3級）：万

UNIT 14 解 答

1 完了の会話文の組み合わせ問題

1) B 已经 快 八点 了，你 还 出去 做 什么？
   Yǐjing kuài bādiǎn le, nǐ hái chūqù zuò shénme?
   もう間もなく8時です。あなたはまだ外に行って何をするのですか？

   小刘 叫 我 一起 去 游泳。
   XiǎoLiú jiào wǒ yìqǐ qù yóuyǒng.
   劉さんが私に一緒に泳ぎに行こうと言っていますから。

2) A 大家 好！ 我 姓 王，是 新 来 的 汉语 老师。
   Dàjiā hǎo! Wǒ xìng Wáng, shì xīn lái de Hànyǔ lǎoshī.
   みなさんこんにちは！私は王と申します。新しく来た中国語の教師です。

   你们 听懂 我 说 的 话 了 吗？
   Nǐmen tīngdǒng wǒ shuō de huà le ma?
   あなたは私が話す話がわかりましたか？

3) C 小 李 在 哪儿 呢？ 你 看见 她 了 吗？
   Xiǎo Lǐ zài nǎr ne? Nǐ kànjiàn tā le ma?
   李さんはどこにいますか？あなたは彼女を見かけましたか？

   她 还 在 公司 工作。
   Tā hái zài gōngsī gōngzuò.
   彼女はまだ会社で仕事をしています。

2 完了の否定文の訳の問題

1) 去年 他们 没（有）来 中国。
   Qùnián tāmen méi yǒu lái Zhōngguó.
   去年彼らは中国へ来ませんでした。

2) 刘 小姐 没（有）给 我 打 电话。
   Liú xiǎojiě méi yǒu gěi wǒ dǎ diànhuà.
   劉さんは私に電話をかけませんでした。

3) 我 没（有）吃 这个 药。
   Wǒ méi yǒu chī zhège yào.
   私はこの薬を飲みませんでした。

文末の「了」（変化を示す）と動詞の後ろに置く「了」（完了を示す）の否定文は、動詞の前に「没（有）」を置いて作ります。このとき「了」は消えます。

3 完了の文の読み取り問題

1) ✗ Zuótiān hé péngyoumen zài wàimiàn wár le yíge wǎngshang,
昨天 和 朋友们 在 外面 玩儿 了 一个 晚上,
hěn lèi, dànshi hěn gāoxìng.
很 累, 但是 很 高兴。
昨日友達と外で一晩遊び、とても疲れましたが楽しかったです。

　　Zuótiān wár de bù gāoxìng.
★昨天 玩儿 得 不 高兴。
昨日遊んだのは楽しくなかったです。

玩儿得不高兴:「動詞＋得＋形容詞(〜するのは…である、〜するのが…である)」
(様態補語→UNIT19参照)

2) ✓ Wǒ shàng xīngqī qù shāngdiàn mǎi le xīn diànnǎo, jiǔqiānduō kuàiqián,
我 上 星期 去 商店 买 了 新 电脑，九千多 块钱，
hěn piányi.
很 便宜。
私は先週店へ行き新しいコンピューターを買いました。9000元あまりで安かったです。

　　Nàge diànnǎo bú dào yíwàn yuán.
★那个 电脑 不 到 一万 元。
そのコンピューターは1万元しなかったです。

3) ✗ Zǎoshang wǒ chī le yào, shēntǐ bǐ yǐqián hǎo duō le. Yīshēng shuō
早上 我 吃 了 药，身体 比 以前 好 多 了。医生 说
xiàge xīngqī kěyǐ chūyuàn.
下个 星期 可以 出院。
朝私が薬を飲むと、体は以前よりずっとよくなりました。医者は来週退院できると言いました。

　　Tā xiànzài yǐjing chūyuàn le.
★他 现在 已经 出院 了。
彼は今すでに退院しました。

吃了药:「药」には修飾語がついていないので、これは文を終わらせることができません。
この文では「薬を飲んだら、〜」と文が続いています。
好多了:「形容詞＋多了」で「ずっと〜になる」という意味。
可以:「〜できる」ここでは許可の意味で、「〜してよい」という意味で使われています。

UNIT 15 進行・持続のアスペクト

t2Q-23-U15

Tā zài xǐ háizi de yīfu.
她 在 洗 孩子 的 衣服。

彼女は子供の服を洗っているところです。

日本語で動作の進行・持続を言う表現は、「〜している」という言い方だけですが、中国語では動作がまさに進行している「ちょうど〜しているところ」というニュアンス（進行）と、動作の状態が続いている、動作の結果がそのまま残るニュアンス（持続）の2通りあります。

覚えておきたい基本単語

△	洗	xǐ	洗う
○	正在	zhèngzài	ちょうど（動詞の前に置いて進行の意味にする）
	呢	ne	（文末について進行の意味にする）
	唱歌	chànggē	歌を歌う
○	晚上	wǎnshang	夜・晩
	跑步	pǎobù	ジョギングする
△	着	zhe	〜している
△	笑	xiào	笑う
	路上	lùshang	途中
	到	dào	〜して手に入れる（「买到」で買って手に入れる）

POINT 1 進行のアスペクト

「まさに今その動作をしているところだ」という状況を表現するのが、この進行のアスペクトです。副詞の「正」「在」を動詞の前に置き、文末に「呢」を置いて表現します。しかし、これら3つの要素のうちどれか1つだけあれば、進行の意味を表すことができます。

● 動作が進行している状態を表現する形

「正在＋動詞＋～呢」の形で動作の進行を表します。

正在 ＋ 動詞 ＋ 呢

Tā zhèngzài tī zúqiú ne.
他 正在 踢 足球 呢。
彼はちょうどサッカーをしているところです。

この進行の形は、「正」「在」どちらか一方だけでも構いません。また、文末の「呢」は省略可能です。

Tā zài tī zúqiú ne.　　　　Tā zhèng tī zúqiú ne.
他 在 踢 足球（呢）。　　他 正 踢 足球（呢）。

文末の「呢」だけでも進行の意味を示します。つまり、動作の進行を表すには、「正」「在」と文末の「呢」のうち、どれか1つがあればよいということです。

Tā tī zúqiú ne.
他 踢 足球 呢。
彼はサッカーをしているところです。

Tā chànggē ne.
他 唱歌 呢。
彼は歌を歌っているところです。

● 進行と時制

アスペクトは時間を示す時制の表現とは違います。そのため、現在のことだけでなく、過去や未来のことでも表現することができます。

Xiàge yuè nǐ qù Běijīng de shíhou, tāmen huì zài xué
下个 月 你 去 北京 的 时候, 他们 会 在 学
Hànyǔ ne.
汉语 呢。
来月あなたが北京へ行った時には、彼らは中国語の勉強をしていることでしょう。

進行の否定文

進行の否定形は「没」を使います。このとき「正」「在」「呢」は消えます。「在」だけは残ることもあります。

Tā méi chànggē, zài dǎ lánqiú ne.
他 没 唱歌，在 打 篮球 呢。
彼は歌を歌っていません、バスケットボールをしているところです。

Wàimiàn méi zài xià yǔ.
外面 没 在 下 雨。
外は雨が降っていません。

進行の疑問文

ふつうの中国語の文と同様に、文末に「吗」をつけると、動詞が表す動作を進行しているかどうかを尋ねる疑問文が作れます。

Nǐ zuótiān wǎnshang zài pǎobù ma?
你 昨天 晚上 在 跑步 吗?
あなたは昨晩ジョギングをしていましたか？

HSK の聴解問題では、しばしば「何をしている」かという質問がなされます。
進行形で「何をしているところですか」は、よく次のように「呢」で終わる表現で表現されます。
疑問文のときの「〜呢?」のイントネーションをよく聞きましょう。

Nǐ xiànzài zuò shénme ne?
你 现在 做 什么 呢?
あなたは今何をしていますか？

このほかにも、次のような尋ね方をする場合がありますので、何度も聞いて、聞き取れるようにしておきましょう。

Nǐ zuò shénme?
你 做 什么?
あなたは何をしますか？

Nǐ zuò shénme le?
你 做 什么 了?
あなたは何をしましたか？

POINT 2 持続のアスペクト

持続には、　1．動作の状態が続いている状況
　　　　　　2．動作をした結果、その状態のままである状況
の2通りのニュアンスがあります。

「動詞＋着」

「動詞＋着(zhe)」の形で、持続を表すことができます。2つのニュアンスの例文を確認してみましょう。

● 動作が続いている状態

動詞 ＋ 着
Tā chàng zhe gē ne.
她 唱 着 歌 呢。
彼女は歌を歌っています。

※ この「呢(ne)」は進行を示すものです。持続と進行はニュアンスが同じであるので、同時に用いられることがしばしばあります。

動詞 ＋ 着
Tāmen kāi zhe chē chūqù le.
他们 开 着 车 出去 了。
彼らは車を運転して外出しています。

「唱歌(chànggē)(歌を歌う)」や「开车(kāichē)(車を運転する)」は「動詞＋目的語」の構造からなる動詞です。そのため、動詞の直後に置く「着(zhe)」は動詞と目的語の間に割り込む形で次のような形になります。

chàngzhegē
唱着歌
歌を歌っている

kāizhechē
开着车
車を運転している

進行を表す「正在」とともに使う場合もあります。

動詞 ＋ 着
Wǒ māma zhèngzài hé péngyou shuō zhe huà ne.
我 妈妈 正在 和 朋友 说 着 话 呢。
私のお母さんはちょうど友達と話をしているところです。

● 動作の結果、その状態のままである状況

動詞 ＋ 着
Mén kāi zhe ne.
门 开 着 呢。
ドアが開いています（開いたまま）。

169

「動詞＋着」の特殊な用法

持続の文で、慣用的に特殊な意味を持つものを紹介します。

● 「動詞１＋着＋動詞２」：～して～する

[動詞１] ＋ 着 ＋ [動詞２]

Tā xiào zhe shuō, "Míngtiān jiàn".
她 笑 着 说，"明天 见"。
彼女は笑って言った。「明日会いましょう（また明日）」と。

● 「動詞１＋着＋動詞１＋着」：～しているうちに

[動詞１] ＋ 着 ＋ [動詞１] ＋ 着

Shuō zhe shuō zhe, xiǎng shuìjiào le.
说 着 说 着，想 睡觉 了。
話しているうちに、眠くなってしまいました。

● 「動詞＋着＋点儿」：～しなさい

[動詞] ＋ 着 ＋ 点儿

Wǒ de shuōhuà, nǐ tīng zhe diǎnr!
我 的 说话，你 听 着 点儿！
私の話を、聞きなさい！

HSKの例文　進行形を使った問題

2級の聴解では、飛行場に迎えに行く場面の会話がよく出題されます。電話をかけている人はどこにいるのかに注意して聞いてみましょう。「正在~」の表現を正確に聞き取りましょう。

男：你 现在 到 哪儿 了?
　　Nǐ xiànzài dào nǎr le?

女：正在 去 机场 的 路上, 你 已经 到 了 吗?
　　Zhèngzài qù jīchǎng de lùshang, nǐ yǐjing dào le ma?

男：对, 我 下 飞机 了。你 多长 时间 能 到 这儿?
　　Duì, wǒ xià fēijī le. Nǐ duōcháng shíjiān néng dào zhèr?

女：对不起, 很快, 十 分钟 就 到。
　　Duìbuqǐ, hěnkuài, shí fēnzhōng jiù dào.

问：女 的 现在 在 哪里?
　　Nǚ de xiànzài zài nǎlǐ?

A 机场　　B 路上　　C 飞机上
　jīchǎng　　lùshang　　fēijīshang

【答え】 B 路上 （道の途中）
　　　　　lùshang

男　：あなたは今どこに着きましたか？
女　：ちょうど飛行場へ行く途中ですが、あなたはすでに到着しましたか？
男　：はい、私は飛行機を降りました。あなたはどのくらいの時間でここへ着けますか？
女　：すみません、すぐです。10分後に着きます。
問　：女の人は今どこにいますか？

● ポイント！

この聴解の問題では、女の人の「正在去机场的路上 Zhèngzàiqùjīchǎngdelùshang」の部分が聞き取れたかどうかがポイントになります。このUNITで学んだ「正在~ zhèngzài」の進行の意味が正確にとれれば、彼女の現在いる場所がわかります。

補充単語

	晴	qíng	晴れ
○	让	ràng	～させる（使役→UNIT17 参照）

UNIT 15 練習問題

1 次の1〜3の中国語と組み合わせて意味が通るものをA〜Cの中から選んでそれぞれ日本語に訳しましょう。

> A 我? 我 在 想 下个 月 去 哪儿 旅游 好 呢。
> _{Wǒ? Wǒ zài xiǎng xiàge yuè qù nǎr lǚyóu hǎo ne.}
>
> B 她 正在 学习 跳舞,每 星期 上 一次 课。
> _{Tā zhèngzài xuéxí tiàowǔ, měi xīngqī shàng yícì kè.}
>
> C 等 一下 给 你 打 电话。
> _{Děng yíxià gěi nǐ dǎ diànhuà.}

1) 你 在 想 什么 呢?
   _{Nǐ zài xiǎng shénme ne?}

2) 我 在 上班 呢。
   _{Wǒ zài shàngbān ne.}

3) 您 女儿 怎么 星期六 还 去 学校?
   _{Nín nǚ'ér zěnme xīngqīliù hái qù xuéxiào?}

1) _____ 訳 _____
2) _____ 訳 _____
3) _____ 訳 _____

2 (　　)に入る語をA〜Dの中から選び、完成した文を日本語に訳しましょう。

> A 正　　B 着　　C 在　　D 呢
> _{zhèng　　　zhe　　　zài　　　ne}

1) 她 还 没 睡觉,(　　)在 床上 看 电视 呢。
   _{Tā hái méi shuìjiào, zài chuángshang kàn diànshì ne.}

2) 爸爸 现在 开(　　)车 呢 吗?
   _{Bàba xiànzài kāi chē ne ma?}

3) 小 王 正在 做 什么(　　)?
   _{Xiǎo Wáng zhèngzài zuò shénme}

1) _____ 訳 _____
2) _____ 訳 _____
3) _____ 訳 _____

3 文を読んで、★の文が内容と合致する場合は「✓」、合致しない場合は「×」で答えましょう。

1) Wǒ měitiān zǎoshang dōu yào chūqù pǎobù. Zuótiān shì yīntiān,
   我 每天 早上 都 *要 出去 跑步。昨天 是 阴天，
   pǎozhepǎozhe, kāishǐ xià yǔ le. Děng wǒ pǎo huíjiā shí, tiān qíng le.
   跑着跑着，开始 下 雨 了。等 我 跑 回家 时，天 晴 了。

   　　Zuótiān xià yǔ le.
   ★ 昨天 下 雨 了。

2) Jīntiān tā hái méi shuìjiào, zhèngzài chuángshang kàn shū ne. Míngtiān
   今天 他 还 没 睡觉，正在 床上 看 书 呢。明天
   xīngqīrì, zǎoshang kěyǐ jiǔ diǎn qǐchuáng.
   星期日，早上 可以 九 点 起床。

   　　Jīntiān xīngqīliù.
   ★ 今天 星期六。

3) Lǐ gē, Zhào lǎoshī ràng wǒ gàosu nǐ, nǐ de diànyǐngpiào mǎi dào le.
   李 哥，赵 老师 让 我 告诉 你，你 的 电影票 买 到 了。

   　　Lǐ gē zhèngzài kàn diànyǐng.
   ★ 李 哥 正在 看 电影。

1) _____　2) _____　3) _____

＊要：いつも〜する（習慣を表す）

UNIT 15 解答

1 進行・持続の会話文の組み合わせ問題

1) A Nǐ zài xiǎng shénme ne?
   你在想什么呢?
   あなたは何を考えているところですか?

   Wǒ? Wǒ zài xiǎng xiàge yuè qù nǎr lǚyóu hǎo ne.
   我?我在想下个月去哪儿旅游好呢。
   私? 私は来月どこへ旅行に行ったらいいのかを考えていました。

2) C Wǒ zài shàngbān ne.
   我在上班呢。
   私は仕事中です。

   Děng yíxià gěi nǐ dǎ diànhuà.
   等一下给你打电话。
   少ししたら、あなたに電話をします。

3) B Nín nǚ'ér zěnme xīngqīliù hái qù xuéxiào?
   您女儿怎么星期六还去学校?
   あなたの娘さんはどうして土曜日も学校へ行くのですか?

   Tā zhèngzài xuéxí tiàowǔ, měi xīngqī shàng yícì kè.
   她正在学习跳舞,每星期上一次课。
   彼女はちょうど踊りを習っていて、毎週１回授業があるのです。

2 進行・持続の文の空所補充問題

1) A Tā hái méi shuìjiào, zhèng zài chuángshang kàn diànshì ne.
   她还没睡觉,(正)在床上看电视呢。
   彼女はまだ寝ていません。ちょうどベッドの上でテレビを見ているところです。

2) B Bàba xiànzài kāi zhe chē ne ma?
   爸爸现在开(着)车呢吗?
   お父さんは今運転をしているところですか?

3) D Xiǎo Wáng zhèngzài zuò shénme ne?
   小王正在做什么(呢)?
   王さんは今何をしているところですか?

3 進行・持続の文の読み取り問題

1) ✓ Wǒ měitiān zǎoshang dōu yào chūqù pǎobù. Zuótiān shì yīntiān,
   我 每天 早上 都 要 出去 跑步。昨天 是 阴天，
   pǎozhepǎozhe, kāishǐ xià yǔ le. Děng wǒ pǎo huíjiā shí, tiān qíng le.
   跑着跑着，开始 下 雨 了。等 我 跑 回家 时，天 晴 了。
   私は毎朝ジョギングにでかけます。昨日は曇りで、走っているうちに雨が降り出しました。私が走って帰るのを待って、晴れました。

   跑着跑着：「動詞1＋着＋動詞1＋着」〜しているうちに

   ★ Zuótiān xià yǔ le.
     昨天 下 雨 了。
     昨日雨が降りました。

2) ✓ Jīntiān tā hái méi shuìjiào, zhèngzài chuángshang kàn shū ne. Míngtiān
   今天 他 还没 睡觉，正在 床上 看 书 呢。明天
   xīngqīrì, zǎoshang kěyǐ jiǔ diǎn qǐchuáng.
   星期日，早上 可以 九点 起床。
   今日彼はまだ寝ていません、ベッドで本を読んでいるところです。明日は日曜日だから、朝は9時に起きてもいいです。

   ★ Jīntiān xīngqīliù.
     今天 星期六。
     今日は土曜日です。

3) ✗ Lǐ gē, Zhào lǎoshī ràng wǒ gàosu nǐ, nǐ de diànyǐngpiào mǎi dào le.
   李哥，赵 老师 让 我 告诉 你，你 的 电影票 买 到 了。
   李お兄さん、趙先生が私にあなたへ伝えるように言ったのですが、あなたの映画のチケットは手に入りましたということです。

   ★ Lǐ gē zhèngzài kàn diànyǐng.
     李哥 正在 看 电影。
     李お兄さんはちょうど映画を見ているところです。

UNIT 16 経験・将来のアスペクト ～「过」・「要～了」～

t2Q-24-U16

Tā　kuài　yào　zuò　māma　le.
她 快 要 做 妈妈 了。

彼女はもうすぐお母さんになります。

アスペクトの表現は、時間に縛られることがないので、現在・過去・未来のどの状況でも使うことができますが、「过」「要～了」はそれぞれ過去と未来のことを述べるときに使う表現です。このUNITでは、「过」「要～了」の使い方を学びます。

覚えておきたい基本単語

☆	快	kuài	まもなく～（文末に「了」をつけて）
☆	要	yào	もうすぐ～する（文末に「了」をつけて）
☆	过	guo	～したことがある
	午饭	wǔfàn	昼ご飯（「晚饭」は夕ご飯、「早饭」は朝ご飯）
	开机	kāijī	作動する

POINT 1 「过」の意味と使い方

～したことがある（経験）

「过」は動詞の後ろにつけて「～したことがある」という経験の意味を持たせます。

動詞 + 过

他 学 过 汉语。
Tā xué guo Hànyǔ.
彼は中国語を勉強したことがあります。

動詞 + 过

我 去 过 一次 中国。
Wǒ qù guo yícì Zhōngguó.
私は1回中国へ行ったことがあります。

> ※ 文の中に「数詞＋量詞」と目的語がある場合は、「動詞＋数詞＋量詞＋目的語」の語順になります。経験を表す「过」がある文では、回数を表す表現は目的語の前に置きます。

動詞 + 过

你 在 这个 商店 买 过 东西 吗?
Nǐ zài zhège shāngdiàn mǎi guo dōngxi ma?
あなたはこの店で買い物をしたことがありますか？

● 否定文

「过」を使った経験を表す文の否定は、「没」を使います。そのとき「过」は消えずに残ります。

没 + **動詞** + 过

我 没 看 过 中国 电影。
Wǒ méi kàn guo Zhōngguó diànyǐng.
私は中国映画を見たことがありません。

「～し終わった」という意味の「过」

動詞の後ろにつく「过」には、経験の意味のほかに、「～し終わった」と動作が終わったという意味に使うこともあります。このとき、「了」と一緒に使われることが多いです。

動詞 + 过 + ～了

你 吃 过 午饭 了 吗?
Nǐ chī guo wǔfàn le ma?
あなたは昼ご飯を食べ終わりましたか（もう食べましたか）？

● 否定文

「～し終わった」という意味の「过」の否定文では、「没」を使い、「了」は消えます。また、「过」も省略が可能です。

没 + **動詞**

我 还 没 吃（过）午饭 呢。
Wǒ hái méi chī guo wǔfàn ne.
私はまだ昼ご飯を食べ終わっていません。

POINT 2　「要〜了」の意味と使い方

「もうすぐ〜する」という意味になる表現には「要〜了」「快要〜了」「就要〜了」の3種類があります。それぞれの意味と使い方を確認しましょう。

「要＋動詞＋了」

「要＋動詞＋了」の形で、「もうすぐ〜する」という未来のことを表す表現になります。

要 ＋ 動詞 ＋ 了
Yào xià xuě le.
要 下 雪 了。
もうすぐ雪が降ります。

要 ＋ 動詞 ＋ 了
Tiān yào biàn lěng le.
天 要 (变) 冷 了。
気候がもうすぐ寒くなります。

> 「冷」は形容詞ですが、「天要变冷了」の動詞「变」を省略して言うことができます。このように、変化するのが前提となる気候状況を表す形容詞や時間、年齢を表す名詞などを入れることができます。

要 ＋ 動詞 ＋ 了
Huǒchē yào kāi le ma?
火车 要 开 了 吗?
汽車はもうすぐ発車しますか？

「快要＋動詞＋了」

「快」を「要」の前に置くと、より時間が間近であるというニュアンスが込められます。

快要 ＋ 動詞 ＋ 了
Tā kuài yào zuò māma le.
她 快 要 *做 妈妈 了。
彼女はもうすぐお母さんになります。

> ＊做：「する・作る」のほかに「〜になる」という意味がある。

「快要」は「要」を省略することができます。また、この間には時間や季節を示す名詞や形容詞を入れることもできます。

快 ＋ 名詞 ＋ 了
Kuài qī diǎn le.
快 七 点 了。
もうすぐ7時です。

「就要＋動詞＋了」

「要」の前に「就」を置いて「もうすぐ～である」と言い表すこともできます。「要」「快要」の前には、具体的な時間（来週、明日など）を置くことはできませんが、「就要」の前には置くことができます。

就 ＋ 動詞 ＋ 了

Míngtiān wǒ jiù yào chūyuàn le.
明天 我 就 要 出院 了。
明日、私はもう退院します。

HSKの例文 「快～了」を聞き取る聴解問題

電話をかけている場面は、HSKの聴解問題ではしばしば出てきます。会話を聞いてその場面がどこでどのような状況で話されているのかを判断することは大切です。特に電話でのやりとりは過去の問題を何度も聞いて、聞き慣れておくようにしましょう。

Wǒ de shǒujī kuài méi diàn le, zhèjiàn shìqing wǎnshang zài shuō ba.
男：我 的 手机 快 没 *¹电 了，这件 事情 晚上 再 说 吧。
Yě hǎo, wǎnshang děng nǐ diànhuà.
女：也 好，晚上 等 你 电话。
Nán de shǒujī zěnme le?
问：男 的 手机 怎么 了？

　　méi kāijī　　　　　zhǎobudào le　　　　kuài méi diàn le
A 没 开机　　B *²找不到 了　　C 快 没 电 了

*1　电：電池
*2　找不到：見つけることができない（可能補語→UNIT19参照）

kuài méi diàn le
【答え】C 快 没 电 了 （もうすぐ電池がなくなる）

男　：私の携帯電話はもうすぐ電池がなくなります。このことは夜また話しましょう。
女　：いいですよ。夜あなたの電話を待っています。
問　：男の人の携帯電話はどうしましたか？

● ポイント！

電話の通話中に携帯電話の充電が切れてしまうという、より切迫した状況ですので、「快～了」を使っています。
ほかの選択肢の意味は、Aは作動しなかった、Bは見つけることができなかったとなります。Bの「找不到」は可能補語です（→UNIT19参照）。

UNIT 16　練習問題

1　次の1～3の中国語と組み合わせて意味が通るものをA～Cの中から選んでそれぞれ日本語に訳しましょう。

> Wǒ chī guo le.
> A 我 吃 过 了。
> Wǒ èrshí fēnzhōng hòu qù gōngsī zhǎo nǐ.
> B 我 二十 分钟 后 去 公司 找 你。
> Yòubian zhèng kànzhe bàozhǐ de rén.
> C 右边 正 看着 报纸 的 人。

Xiànzài kuài liù diǎn le.
1) 现在 快 六 点 了。

Wǒmen yìqǐ qù chī wǔfàn, zěnmeyàng?
2) 我们 一起 去 吃 午饭, 怎么样?

Qǐngwèn, nǎ yí wèi shì Lǐ xiānsheng?
3) 请问, 哪 一*位 是 李 先生?

1) _____　訳 _____

2) _____　訳 _____

3) _____　訳 _____

*位（3級）：〜名（敬意をもって人を教える）。「哪一位」で「どの方」。

2　(　　)に入る語をA～Dの中から選び、完成した文を日本語に訳しましょう。

> 　　méi　　　　guo　　　　dōu　　　　yào
> A 没　　B 过　　C 都　　D 要

Wǒ jiějie zài Běijīng zhù　　　　　sìnián.
1) 我 姐姐 在 北京 住 (　　) 四年。

Xiàge yuè nǐ jiù　　　　huí Dōngjīng le.
2) 下个 月 你 就 (　　) 回 东京 了。

Tā　　　　chī guo Zhōngguócài. Zhècì tā dìyīcì chī le Zhōngguócài.
3) 她 (　　) 吃过 中国菜。这次 她 第一次 吃 了 中国菜。

1) _____　訳 _____

2) _____　訳 _____

3) _____　訳 _____

3 文を読んで、★の文が内容と合致する場合は「✓」、合致しない場合は「×」で答えましょう。

1) Huǒchē yào kāi de shíhou, wǒ péngyou xiàozhe shuō, "zàijiàn, wǒ děngzhe nǐ huílai ne".
火车 要 开 的 时候，我 朋友 笑着 说，"再见，我 等着 你 回来 呢"。

Wǒ hé péngyou yìqǐ zuò huǒchē qù le.
★ 我 和 朋友 一起 坐 火车 去 了。

2) 女：Tiān kuài hēi le. Wǒ yào huíqù le.
天 快 黑 了。我 要 回去 了。

男：Wàimiàn zhèngzài xià xuě, nín lùshang màndiǎnr.
外面 正在 下 雪，您 路上 慢点儿。

女：Méi guānxi. Míngtiān jiàn.
没 关系。明天 见。

男：Hǎode. Zàijiàn.
好的。再见。

Yào xià yǔ le.
★ 要 下 雨 了。

3) 男：Nǐ zài zhège shāngdiàn mǎi guo dōngxi ma?
你 在 这个 商店 买 过 东西 吗？

女：Mǎi guo yícì. Zhèr de dōngxi hái bú cuò, jiù shì tài guì le.
买 过 一次。这儿 的 东西 还 不 错，就 是 太 贵 了。

Zhège shāngdiàn de dōngxi bù piányi.
★ 这个 商店 的 东西 不 便宜。

1) _____ 2) _____ 3) _____

UNIT 16　解 答

1　経験・将来の文の組み合わせ問題

1) B　現在 快 六点 了。 我 二十 分钟 后 去 公司 找 你。
　　　Xiànzài kuài liùdiǎn le.　Wǒ èrshí fēnzhōng hòu qù gōngsī zhǎo nǐ.
　　今もうすぐ6時になります。私は20分後に会社へ行ってあなたを訪ねます。

「快～了」の間には時刻や季節を表す名詞を挟むことができます。

2) A　我们 一起 去 吃 午饭, 怎么样? 我 吃 过 了。
　　　Wǒmen yìqǐ qù chī wǔfàn, zěnmeyàng? Wǒ chī guo le.
　　一緒に昼ご飯を食べるのはどうですか？　私は食べ終わりました。

「動詞＋过＋了」の形のとき、「过」は「～し終わった」という意味です。

3) C　请问, 哪 一位 是 李 先生?
　　　Qǐngwèn, nǎ yíwèi shì Lǐ xiānsheng?
　　お尋ねしますが、どの方が李さんですか？
　　右边 正 看着 报纸 的 人。
　　Yòubian zhèng kànzhe bàozhǐ de rén.
　　右側のちょうど新聞を見ている人です。

進行の「正在」と持続の「着」は同時に使われることもあります。

2　経験・将来の文の空所補充問題

1) B　我 姐姐 在 北京 住 (过) 四年。
　　　Wǒ jiějie zài Běijīng zhù guo sìnián.
　　私の姉は北京に4年住んだことがあります。

2) D　下个 月 你 就 (要) 回 东京 了。
　　　Xiàge yuè nǐ jiù yào huí Dōngjīng le.
　　来月あなたはもう東京へ帰ります。

3) A　她 (没) 吃 过 中国菜。这次 她 第一次 吃 中国菜 了。
　　　Tā méi chī guo Zhōngguócài. Zhècì tā dìyīcì chī Zhōngguócài le.
　　彼女は中国料理を食べたことがありません。今回彼女は初めて中国料理を食べました。

3 経験・将来の文の読み取り問題

1) ✗　<ruby>火车<rt>Huǒchē</rt></ruby> <ruby>要<rt>yào</rt></ruby> <ruby>开<rt>kāi</rt></ruby> <ruby>的<rt>de</rt></ruby> <ruby>时候<rt>shíhou</rt></ruby>，<ruby>我<rt>wǒ</rt></ruby> <ruby>朋友<rt>péngyou</rt></ruby> <ruby>笑着<rt>xiàozhe</rt></ruby> <ruby>说<rt>shuō</rt></ruby>，"<ruby>再见<rt>zàijiàn</rt></ruby>，<ruby>我<rt>wǒ</rt></ruby> <ruby>等着<rt>děngzhe</rt></ruby> <ruby>你<rt>nǐ</rt></ruby> <ruby>回来<rt>huílai</rt></ruby> <ruby>呢<rt>ne</rt></ruby>"。
汽車が発車しようとした時、私の友達は笑いながら言いました、「さようなら、私はあなたが帰って来るのを待っています」と。

★ <ruby>我<rt>Wǒ</rt></ruby> <ruby>和<rt>hé</rt></ruby> <ruby>朋友<rt>péngyou</rt></ruby> <ruby>一起<rt>yìqǐ</rt></ruby> <ruby>坐<rt>zuò</rt></ruby> <ruby>火车<rt>huǒchē</rt></ruby> <ruby>去<rt>qù</rt></ruby> <ruby>了<rt>le</rt></ruby>。
私は友達と一緒に汽車に乗って行きました。

「要～了」の文は、「的时候」という語が後ろにあり、文がさらに続くようなときは、「了」が省略されます。

2) ✗　女：<ruby>天<rt>Tiān</rt></ruby> <ruby>快<rt>kuài</rt></ruby> <ruby>黑<rt>hēi</rt></ruby> <ruby>了<rt>le</rt></ruby>。<ruby>我<rt>Wǒ</rt></ruby> <ruby>要<rt>yào</rt></ruby> <ruby>回去<rt>huíqù</rt></ruby> <ruby>了<rt>le</rt></ruby>。
もうすぐ空が暗くなります。私はもう帰らなければなりません。

男：<ruby>外面<rt>Wàimiàn</rt></ruby> <ruby>正在<rt>zhèngzài</rt></ruby> <ruby>下<rt>xià</rt></ruby> <ruby>雪<rt>xuě</rt></ruby>，<ruby>您<rt>nín</rt></ruby> <ruby>路上<rt>lùshang</rt></ruby> <ruby>慢点儿<rt>màndiǎnr</rt></ruby>。
外はちょうど雪が降っています。帰り道、お気をつけて。

女：<ruby>没<rt>Méi</rt></ruby> <ruby>关系<rt>guānxi</rt></ruby>。<ruby>明天<rt>Míngtiān</rt></ruby> <ruby>见<rt>jiàn</rt></ruby>。
大丈夫です。また明日。

男：<ruby>好的<rt>Hǎode</rt></ruby>。<ruby>再见<rt>Zàijiàn</rt></ruby>。
はい。さようなら。

★ <ruby>现在<rt>Xiànzài</rt></ruby> <ruby>天气<rt>tiānqì</rt></ruby> <ruby>下<rt>xià</rt></ruby> <ruby>雨<rt>yǔ</rt></ruby> <ruby>了<rt>le</rt></ruby>。
今雨が降っています。

3) ✓　男：<ruby>你<rt>Nǐ</rt></ruby> <ruby>在<rt>zài</rt></ruby> <ruby>这个<rt>zhège</rt></ruby> <ruby>商店<rt>shāngdiàn</rt></ruby> <ruby>买<rt>mǎi</rt></ruby> <ruby>过<rt>guo</rt></ruby> <ruby>东西<rt>dōngxi</rt></ruby> <ruby>吗<rt>ma</rt></ruby>？
あなたはこの店で買い物をしたことがありますか？

女：<ruby>买<rt>Mǎi</rt></ruby> <ruby>过<rt>guo</rt></ruby> <ruby>一次<rt>yícì</rt></ruby>。<ruby>这儿<rt>Zhèr</rt></ruby> <ruby>的<rt>de</rt></ruby> <ruby>东西<rt>dōngxi</rt></ruby> <ruby>还<rt>hái</rt></ruby> <ruby>不错<rt>bú cuò</rt></ruby>，<ruby>就是<rt>jiù shì</rt></ruby> <ruby>太<rt>tài</rt></ruby> <ruby>贵<rt>guì</rt></ruby> <ruby>了<rt>le</rt></ruby>。
一度あります。ここのものはすばらしいけれど、とても高いです。

★ <ruby>这个<rt>Zhège</rt></ruby> <ruby>商店<rt>shāngdiàn</rt></ruby> <ruby>的<rt>de</rt></ruby> <ruby>东西<rt>dōngxi</rt></ruby> <ruby>不<rt>bù</rt></ruby> <ruby>便宜<rt>piányi</rt></ruby>。
この店のものは安くないです。

Part 4　実践問題　　🎧 t2Q-25-P4

听　力

1　音声を聞いて、写真の内容と合致するものは「✓」、合致しないものは「×」と答えましょう。

1) 　　　2) 　　　3)

1) _____　2) _____　3) _____

2　音声を聞いて、その内容に合う写真を選びましょう。

A 　　　B 　　　C

1) _____　2) _____　3) _____

3 会話を聞いて、質問に対する答えをA〜Cの中から1つ選びましょう。

1) A 去过 了 (qùguo le)　　B 还没吃呢 (hái méi chī ne)　　C 没去 (méiqù)

2) A 在做饭 (zài zuòfàn)　　B 在做*作业 (zài zuò zuòyè)　　C 在做事 (zài zuò shì)

3) A 不认识 (bú rènshi)　　B 认识 (rènshi)　　C 喝着茶 (hēzhe chá)

1) _____　　2) _____　　3) _____

*作业 (zuòyè)（3級）：宿題

4 会話を聞いて、質問に対する答えをA〜Cの中から1つ選びましょう。

1) A 他要回中国了 (Tā yào huí Zhōngguó le)
　　B 他来中国了 (Tā lái Zhōngguó le)　　C 他住在中国 (Tā zhù zài Zhōngguó)

2) A 不想去*东京 (bù xiǎng qù Dōngjīng)　　B 准备去东京 (zhǔnbèi qù Dōngjīng)　　C 不能去东京 (bù néng qù Dōngjīng)

3) A 在打电话 (zài dǎ diànhuà)　　B 看着电视 (kànzhe diànshì)　　C 在学习 (zài xuéxí)

1) _____　　2) _____　　3) _____

*东京 (Dōngjīng)：東京

Part 4　実践問題

阅　读

1　次の文の内容に合う写真を選び記号で答えましょう。

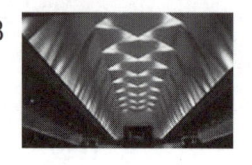

A　　　　　　　　B　　　　　　　　C

1) <small>Xiǎo Liú kànzhe bàozhǐ hēzhe chá ne.</small>
   小刘 看着 报纸 喝着 茶 呢。
2) <small>Shí diǎn le, diànyǐng yào kāishǐ le.</small>
   10 点 了，电影 要 开始 了。
3) <small>Māma zuò gōnggòngqìchē shàngbān qù le.</small>
   妈妈 坐 公共汽车 上班 去 了。

1) _____　　2) _____　　3) _____

2　（　　）に入る語をA～Cの中から選びましょう。

<small>zhèngzài</small>	<small>le</small>	<small>zhe</small>
A 正在	B 了	C 着

1) <small>Xiě　　　zì de nàge nánháir shì wǒ érzi.</small>
   写（　　）字 的 那个 男孩儿 是 我 儿子。
2) <small>Xiàoxiao yǐjing shuìjiào</small>
   笑笑 已经 睡觉（　　）。
3) <small>Nǐ zài zuò shénme ne?</small>
   男：你 在 做 什么 呢？
   <small>Wǒ　　　zhǔnbèi míngtiān shàngbān de dōngxi.</small>
   女：我（　　）准备 明天 上班 的 东西。

1) _____　　2) _____　　3) _____

3 文を読んで、★の文が内容と合致する場合は「✓」、合致しない場合は「×」で答えましょう。

1) Shàngge yuè wǒ hé bàba qù Zhōngguó lǚyóu le.
   上个 月 我 和 爸爸 去 中国 旅游 了。
   ★ Tā bàba xiànzài zài Zhōngguó.
   他 爸爸 现在 在 中国。

2) Lǐ lǎoshī zhèngzài shàngkè ne, qǐng děng yíxià!
   李 老师 正在 上课 呢，请 等 一下!
   ★ Yǒu rén zhǎo Lǐ lǎoshī.
   有 人 找 李 老师。

3) Wáng xiǎojiě yào dào le, zhǔnbèi huānyíng tā!
   王 小姐 要 到 了，准备 欢迎 她!
   ★ Wáng xiǎojiě yǐjing lái le.
   王 小姐 已经 来 了。

1) _____ 2) _____ 3) _____

4 次の１～３の中国語と組み合わせて意味が通るものをＡ～Ｃの中から選びましょう。

A Wǒ yě méi hēguo.
  我 也 没 喝过。

B Qǐng děng yíxià, tā zhèngzài hé Zhào lǎoshī shuōhuà ne.
  请 等 一下，她 正在 和 赵 老师 说话 呢。

C Wǒ zhǔnbèizhe wǎnfàn ne, méi shíjiān.
  我 准备着 晚饭 呢，没 时间。

1) Wéi, nǐhǎo! Wǒ shì Lǐ Míng, Xiǎo Wáng zài ma?
   喂，你好! 我 是 李明，小 王 在 吗?

2) Bāng wǒ mǎi xiē shuǐguǒ, hǎoma?
   帮 我 买 些 水果，好吗?

3) Xiǎo Zhāng, nǐ hēguo Zhōngguóchá ma? Hǎo hē ma?
   小 张，你 喝过 中国茶 吗? 好 喝 吗?

1) _____ 2) _____ 3) _____

Part 4 解答

听 力

1 聞き取り問題（第1部分）

1) ✗ Wǒ zǎofàn chīguo jīdàn le.
我 早饭 吃过 鸡蛋 了。
私は朝ご飯に卵を食べました。

2) ✓ Jiějie zhèngzài hé péngyou tiàowǔ ne.
姐姐 正在 和 朋友 跳舞 呢。
お姉さんはちょうど友達と踊りを踊っているところです。

3) ✗ Érzi qù dǎ lánqiú le.
儿子 去 打 篮球 了。
息子はバスケットボールをしに行きました。

2 聞き取り問題（第2部分）

1) A　男：Yào xià yǔ le, wǒ sòng nǐ huíjiā ba.
要 下 雨 了，我 送 你 回家 吧。
間もなく雨が降ります。私はあなたが家に帰るのを送りましょう。

　　女：Méi guānxi, wǒ zuò chūzūchē huíqu.
没 关系，我 坐 出租车 回去。
大丈夫、私はタクシーに乗って帰ります。

2) C　女：Érzi, bàba yào huílai le, zhǔnbèi chīfàn.
儿子，爸爸 要 回来 了，准备 吃饭。
ねえ、お父さんがもうすぐ帰って来るから、ご飯の支度をして。

　　男：Děng yíxià, wǒ zhèngzài kàn shū ne.
等 一下，我 正在 看 书 呢。
ちょっと待って。私は今読書をしているから。

3) B　女：Nǐ qù nǎr le?
你 去 哪儿 了？
どこへ行っていたの？

　　男：Wǒ qù shāngdiàn mǎi Zhōngguóchá le.
我 去 商店 买 中国茶 了。
店に中国茶を買いに行っていました。

3 聞き取り問題（第3部分）

1) **C** 没去 (行きませんでした)
　　　　　　méiqù

　男：我们 一起 去 吃 午饭，怎么样？
　　　Wǒmen yìqǐ qù chī wǔfàn, zěnmeyàng?
　　　一緒に昼ご飯に行くのはどうですか？

　女：我 吃 过 了。
　　　Wǒ chī guo le.
　　　私は食べてしまいました（食べ終わりました）。

　问：他们 一起 去 吃 午饭 了 吗？
　　　Tāmen yìqǐ qù chī wǔfàn le ma?
　　　彼らは一緒に昼ご飯を食べに行きましたか？

2) **C** 在 做 事 (仕事中です)
　　　　zài zuò shì

　女：看见 小 刘 了 吗？
　　　Kànjiàn Xiǎo Liú le ma?
　　　劉さんを見かけましたか？

　男：他 正在 做 事 呢。
　　　Tā zhèngzài zuò shì ne.
　　　彼はちょうど仕事中です。

　问：小 刘 在 做 什么 呢？
　　　Xiǎo Liú zài zuò shénme ne?
　　　劉さんは何をしているところですか？

3) **A** 不 认识 (知りません)
　　　　bú rènshi

　男：坐 在 椅子 上 喝着 茶 的 人 是 谁？
　　　Zuò zài yǐzi shang hēzhe chá de rén shì shéi?
　　　椅子に座ってお茶を飲んでいる人は誰ですか？

　女：是 我 姐姐。
　　　Shì wǒ jiějie.
　　　私のお姉さんです。

　问：男 的 认识 女 的 姐姐 吗？
　　　Nán de rènshi nǚ de jiějie ma?
　　　男の人は女の人のお姉さんを知っていますか？

Part 4　解答

4　聞き取り問題（第4部分）

1) **A**　Tā yào huí Zhōngguó le
　　他 要 回 中国 了（彼はもうすぐ中国へ帰ります）

　女：Nǐ yào huí Zhōngguó le, zhège sòng gěi nǐ.
　　　你 要 回 中国 了，这个 送 给 你。
　　　あなたはもうすぐ中国へ帰るので、これをあなたにあげます。

　男：Shì shénme?
　　　是 什么？
　　　何ですか？

　女：Rìběnchá.
　　　日本茶。
　　　日本茶です。

　男：Tài hǎo le, xièxie nǐ!
　　　太 好 了，谢谢 你！
　　　とてもすばらしいです。ありがとう！

　问：Nǚ de wèishénme sòng gěi nán de dōngxi?
　　　女 的 为什么 送 给 男 的 东西？
　　　女の人はどうして男の人にものをあげたのですか？

2) **C**　bù néng qù Dōngjīng
　　不 能 去 东京（東京へ行けません）

　男：Nǐ qù guo Dōngjīng ma?
　　　你 去 过 东京 吗？
　　　あなたは東京へ行ったことがありますか？

　女：Méiyǒu, wǒ hěn xiǎng qù.
　　　没有，我 很 想 去。
　　　いいえ、私はとても行きたいです。

　男：Wǒmen yìqǐ qù ba.
　　　我们 一起 去 吧。
　　　一緒に行きましょう。

　女：Duìbuqǐ, wǒ hěn máng, méi shíjiān.
　　　对不起，我 很 忙，没 时间。
　　　ごめんなさい、忙しくて時間がありません。

　问：Nǚ de shì shénme yìsi?
　　　女 的 是 什么 意思？
　　　女の人の言ったことはどういう意味ですか？

3) C 在 学习 (勉強をしています)

男：我们 一起 去 跑步, 怎么样?
　　Wǒmen yìqǐ qù pǎobù, zěnmeyàng?
　　一緒にジョギングに行くのはどうですか？

女：我 正在 学习 呢, 明天 要 考试。
　　Wǒ zhèngzài xuéxí ne, míngtiān yào kǎoshì.
　　ちょうど勉強をしているところです。明日試験があります。

男：那 我 也 不 去 了。
　　Nà wǒ yě bú qù le.
　　それでは私も行かないことにします。

女：星期六 我 和 你 一起 去, 好 吗?
　　Xīngqīliù wǒ hé nǐ yìqǐ qù, hǎo ma?
　　土曜日私はあなたと一緒に行ってもいいですか？

问：女 的 在 做 什么 呢?
　　Nǚ de zài zuò shénme ne?
　　女の人は何をしているところですか？

Part 4 解答

阅 读

1 読解問題（第1部分）

1) A 小 刘 看着 报纸 喝着 茶 呢。
   Xiǎo Liú kànzhe bàozhǐ hēzhe chá ne.
   劉さんは新聞を読みながらお茶を飲んでいるところです。

2) B 10点 了，电影 要 开始 了。
   Shídiǎn le, diànyǐng yào kāishǐ le.
   10時になりました。映画が間もなく始まります。

3) C 妈妈 坐 公共汽车 上班 去 了。
   Māma zuò gōnggòngqìchē shàngbān qù le.
   お母さんはバスに乗って出勤して行きました。

2 読解問題（第2部分）

1) C 写（着）字 的 那个 男孩儿 是 我 儿子。
   Xiě zhe zì de nàge nánháir shì wǒ érzi.
   字を書いているあの男の子は私の息子です。

2) B 笑笑 已经 睡觉（了）。
   Xiàoxiao yǐjing shuìjiào le.
   笑笑はすでに寝てしまいました。

3) A 男：你 在 做 什么 呢?
   Nǐ zài zuò shénme ne?
   あなたは何をしているところですか？
   女：我（正在）准备 明天 上班 的 东西。
   Wǒ zhèngzài zhǔnbèi míngtiān shàngbān de dōngxi.
   私は明日の仕事のものを準備しているところです。

3 読解問題（第3部分）

1) ✗
Shàngge yuè wǒ hé bàba qù Zhōngguó lǚyóu le.
上个 月 我 和 爸爸 去 中国 旅游 了。
先月私はお父さんと中国へ旅行に行きました。

　Tā bàba xiànzài zài Zhōngguó.
★他 爸爸 现在 在 中国。
彼のお父さんは今中国にいます。

2) ✓
Lǐ lǎoshī zhèngzài shàngkè ne, qǐng děng yíxià!
李 老师 正在 上课 呢, 请 等 一下！
李先生は今授業中です。ちょっとお待ちください！

　Yǒu rén zhǎo Lǐ lǎoshī.
★有 人 找 李 老师。
誰かが李先生を訪ねてきました。

3) ✗
Wáng xiǎojiě yào dào le, zhǔnbèi huānyíng tā!
王 小姐 要 到 了, 准备 欢迎 她！
王さんは間もなく到着します。彼女をお迎えする準備をしましょう！

　Wáng xiǎojiě yǐjing lái le.
★王 小姐 已经 来 了。
王さんはすでに来ました。

4 読解問題（第4部分）

1) B
Wéi, nǐhǎo!　　Wǒ shì Lǐ Míng, Xiǎo Wáng zài ma?
喂, 你好！　　我 是 李 明, 小 王 在 吗？
もしもし、こんにちは！私は李明です、王さんいらっしゃいますか？

　Qǐng děng yíxià, tā zhèngzài hé Zhào lǎoshī shuōhuà ne.
请 等 一下, 她 正在 和 赵 老师 说话 呢。
ちょっと待ってください、彼女はちょうど趙先生と話しているところです。

2) C
Bāng wǒ mǎi xiē shuǐguǒ, hǎoma?
帮 我 买 些 水果, 好吗？
ちょっと果物を買ってきてくれますか、いいですか？

　Wǒ zhǔnbèizhe wǎnfàn ne, méi shíjiān.
我 准备着 晚饭 呢, 没 时间。
私は晩ご飯の準備をしているところで、時間がありません。

3) A
Xiǎo Zhāng, nǐ hēguo Zhōngguóchá ma?　Hǎo hē ma?
小 张, 你 喝过 中国茶 吗？ 好 喝 吗？
張さん、中国茶を飲んだことがありますか？おいしいですか？

　Wǒ yě méi hēguo.
我 也 没 喝过。
私も飲んだことがありません。

Part 5

UNIT17　禁止・使役の表現

UNIT18　語気助詞の使い方～吧、呢、吗、了、的～

UNIT19　補語

UNIT20　複文

UNIT 17 禁止・使役の表現

t2Q-26-U17

Ràng wǒ xiǎngxiang.
让 我 想想。

私にちょっと考えさせてください。

このUNITでは、人にある行為を禁止したり、やらせたり（お願いしたり）する内容を伝える表現を学びます。

覚えておきたい基本単語

○	让	ràng	～させる
	不要	búyào	～してはいけない
	起床	qǐchuáng	起きる
	叫	jiào	～させる
△	进	jìn	入る
	这样	zhèyàng	このような
☆	别	bié	～しないでください

POINT 1 　禁止の表現方法

「〜してはいけない」「〜するな」など、禁止の意味を表現するには、「不要」「別」の2つの表現があります。それぞれの使い方を確認してみましょう。

■「不要〜」

UNIT10で学んだ能願動詞「要」と否定の「不」を使い、「不要」という形で使うと禁止の表現となります。

● 多義語の「要」の使い方の復習

「不要」の使い方を学ぶ前に、まずは「要」の使い方を復習してみましょう。
「要」は多義語で、「〜したい」「〜しなければならない」「〜するはずである」などの意味があり、それぞれの否定文では「不要」という形は使えませんでした。下の表のような意味を表すには、「要」の代わりに別の表現を使わなければなりません。

要の意味	「〜したい」	「〜しなければならない」	「〜するはずである」
肯定	他要去学校。 彼は学校へ行きたいです。	他要去学校。 彼は学校に行かなければなりません。	他要去学校。 彼は学校へ行くはずです。
否定で使う表現	不想 「〜したくない」	不用（3級） 「〜するにはおよばない」	不会 「〜するはずはない」
否定	他不想去学校。 彼は学校へ行きたくありません。	他不用去学校。 彼は学校に行くにはおよびません。	他不会去学校。 彼は学校へ行くはずはありません。

「要」は多義語なので、前後の内容を見極めて正確に訳すようにしましょう。同じ文でも上の表のように、いろいろ訳し分けることができます。

● 「不要」には禁止の意味しかない

復習で確認したように、「要」には様々な意味があります。それぞれの否定形は別の能願動詞を用いて作り、「不要」の形が使われているときには必ず「〜してはいけない」と訳します。

不要＋ 動詞

Búyào chī tài duō.
不要 吃 太 多。
たくさん食べ過ぎてはいけません。

不要　＋　　　　　　　動詞

Búyào zài gōnggòngqìchē shang dǎ diànhuà.
不要 在 公共汽车 上 打 电话。
バスの中では電話をかけてはいけません。

※ この文の動詞は「打」です。「在 公共汽车 上」は介詞が作るフレーズで、動詞「打」を修飾しています。

● 「别~了」：~しないでください
　　bié
「别」も「~しないで」という禁止の意味になります。また、文末に「了」を置くと「目の前の他人の行為をやめさせる」というニュアンスを表現できます。

别 + 動詞 + 了

Nǐ bié shuì le, kuài qǐchuáng.
你 别 睡 了，快 起床。
寝ないで。早く起きてください。

别 + 動詞 + 了

Bié zhǎo le, shǒujī zài zhuōzi shang ne, diànnǎo pángbiān.
别 找 了，手机 在 桌子 上 *呢，电脑 旁边。
探さないで。携帯電話は机の上にあるでしょう。コンピューターの横です。

*呢：文末に置いて、「~よ、でしょう」と相手に確認する気持ちを示す語気助詞。
　ne

POINT 2　使役・依頼の言い方

「~させる」「~してもらう」など、使役や依頼の意味を表現する文の構造を学んでいきましょう。

使役の文

使役の文を作るには、「~させる」という意味の動詞、「让」や「叫」を使います。
　　　　　　　　　　　　　　　　　　　　　　　　ràng　jiào
「主語+让／叫+人+動詞」という形で、「~（主語）が…（人）に~（動詞）させる」という意味になります。

主語 + 让 + 人 + 動詞

Māma ràng wǒ xuéxí tiàowǔ.
妈妈 让 我 学习 跳舞。 お母さんは私に踊りを学ばせます。

主語 + 叫 + 人 + 動詞

Māma jiào wǒ qù mǎi dōngxi.
妈妈 叫 我 去 买 东西。 お母さんは私を買い物に行かせました。

● 兼語文

今回学んだ使役の文は、「兼語文」という構造になっています。兼語文について、上で学んだ文を例にして具体的に見てみましょう。

主語 + 動詞1 + 人 + 動詞2

Māma ràng wǒ xuéxí tiàowǔ.
妈妈 让 我 学习 跳舞。 お母さんは私に踊りを学ばせます。

この文は1つの主語に対して「让（~させる）」と「学习（学ぶ）」という2つの動詞を使い、2つの動作を言い表しています。この文は、次のような2つの文からできています。

① [主語]Māma [動詞]ràng [目的語]wǒ.
　妈妈　让　　我。　　　　　　　　　お母さんは私にさせます。
② 　　　　　　Wǒ　　　xuéxí　　tiàowǔ.
　　　　　　　我　　　学习　　跳舞。　私は踊りを学びます。
　　　　　　[主語]＋[動詞]＋[目的語]

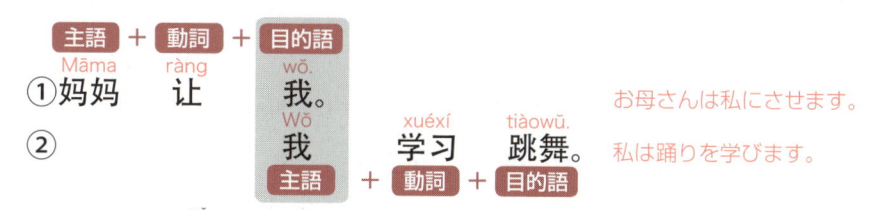

分解した２つの文で「我」に着目すると、①の文では目的語になっていますが、②では主語になっています。もともとの使役の文は、「我」が２つの役割を果たし、１つの文を作っています。このように、１つの語が主語と目的語の役割を兼ねることで１つの文を作るものを兼語文といいます。

● 使役の否定文
　　使役の否定形は「让」「叫」の前に否定詞を置きます。

[主語]＋ 不 ＋让／叫＋[人]＋[動詞]
Bàba　bú　ràng　dìdi　kàn　diànshì.
爸爸　不　让　弟弟　看　电视。
お父さんは弟にテレビを見させません。

● 依頼の表現

「请＋動詞」で、「〜してください」という依頼の意味になります。

请＋[動詞]
Qǐng　jìn,　xiānsheng,　nín　zhǎo　shéi?
请　进，先生，您　找　谁？
どうぞお入りください、ご主人（男性に対する呼びかけ）、どなたをお探しですか？

● 兼語文の依頼表現

「〜してください」と依頼する表現も、使役の文と同じように兼語文の形で表現することができます。
「主語＋请＋人＋動詞」という形で、「〜（主語）は…（人）に〜（動詞）してもらう」という意味になります。「请」は動詞の場合には「求める、乞う」という意味があります。

[主語] ＋ 请＋[人]＋[動詞]
Tā　xiǎng qǐng　tā　sòng　tā　qù　jīchǎng.
她　想　请　他　送　她　去　机场。
彼女は彼に空港へ送って行ってもらいたいです。

この文も分解して兼語文の構造を確認してみましょう。

[主語]＋[動詞]＋[目的語]
Tā　xiǎng qǐng　tā.
她　想　请　他。　　　　　　　　彼女は彼にしてもらいたいです。
　　　　　　Tā　sòng　tā　qù　jīchǎng.
　　　　　　他　送　她　去　机场。彼は彼女を空港へ送って行きます。
　　　　　　[主語]＋[動詞]＋[目的語]

HSKの例文　使役の表現の確認

次の文を、使役の構造に注意して訳してみましょう。

1) 男的 想 让 谁 学 跳舞?
   Nán de xiǎng ràng shéi xué tiàowǔ?
2) 男：妻子 让 他 每天 早上 起床 后 喝 一杯 水。
   Qīzi ràng tā měitiān zǎoshang qǐchuáng hòu hē yìbēi shuǐ.
   女：医生 说 这样 对 身体 好。
   Yīshēng shuō zhèyàng duì shēntǐ hǎo.

【答え】
1) 男の人は誰に踊りを学ばせたいのですか？
2) 男：妻は彼に毎朝起きた後に1杯の水を飲ませます。
   女：医者はこのようなことは体にいいと言いました。

● ポイント！

1) これは、会話の聴解問題でしばしば出てくる質問の形です。発音も何度も聞いて、意味がすぐわかるようにしておきましょう。
2) 「让+人+連用修飾語（每天 早上 起床 后 měitiān zǎoshang qǐchuáng hòu）+動詞+目的語（一杯 水 yìbēi shuǐ）」という構造になっています。このように実際に使われる文では、基本的な構造にいろいろな要素がついてくるので、注意して訳すようにしましょう。

HSKの例文　使役の表現の聞き取り

質問文が使役表現の聴解問題もHSKではしばしば出題されます。質問の中国語を正確に聞き取れるようにしましょう。今回は、聴解の問題から2つ練習してみます。中国語の会話を聞いて意味をとってみましょう。

女：别 看 电脑 了, 喝 杯 咖啡 吧。
   Bié kàn diànnǎo le, hē bēi kāfēi ba.
男：谢谢, 你 真 好。
   Xièxie, nǐ zhēn hǎo.
问：女 的 让 男 的 做 什么?
   Nǚ de ràng nán de zuò shénme?

1) A 吃 药　　B 喝 咖啡　　C 去 上课
   　 chī yào 　　 hē kāfēi 　　 qù shàngkè

【答え】B 喝 咖啡 （コーヒーを飲む）
        hē kāfēi

女：コンピューターを見ないで、コーヒーを飲んでください。
男：ありがとう。あなたは本当にいい（人）ですね。
問：女の人は男の人に何をさせましたか？

Part 5

女：<ruby>爸<rt>Bà</rt></ruby>，<ruby>我<rt>wǒ</rt></ruby> <ruby>现在<rt>xiànzài</rt></ruby> <ruby>七十<rt>qīshí</rt></ruby> <ruby>公斤<rt>gōngjīn</rt></ruby> <ruby>了<rt>le</rt></ruby>。
男：<ruby>多少<rt>Duōshao</rt></ruby>？<ruby>七十<rt>Qīshí</rt></ruby> <ruby>公斤<rt>gōngjīn</rt></ruby>？<ruby>那<rt>Nà</rt></ruby> <ruby>你<rt>nǐ</rt></ruby> <ruby>真<rt>zhēn</rt></ruby> <ruby>要<rt>yào</rt></ruby> <ruby>多<rt>duō</rt></ruby> <ruby>运动<rt>yùndòng</rt></ruby> <ruby>了<rt>le</rt></ruby>。
问：<ruby>爸爸<rt>Bàba</rt></ruby> <ruby>让<rt>ràng</rt></ruby> <ruby>女儿<rt>nǚ'ér</rt></ruby> <ruby>做<rt>zuò</rt></ruby> <ruby>什么<rt>shénme</rt></ruby>？

2) A <ruby>多 运动<rt>duō yùndòng</rt></ruby>　　B <ruby>少 吃 肉<rt>shǎo chī ròu</rt></ruby>　　C <ruby>多 吃 水果<rt>duō chī shuǐguǒ</rt></ruby>

【答え】　A <ruby>多 运动<rt>duō yùndòng</rt></ruby>　（たくさん運動をする）

女：お父さん、私は今70キロになりました。
男：いくつ？70キロ？それではあなたは本当にたくさん運動をしなければなりませんよ。
问：お父さんは娘に何をさせますか？

補充単語

| 叫 | jiào | （動物や虫などが）鳴く |

UNIT 17　練習問題　🎧 t2Q-27-U17R

聞き取りトレーニング

1　禁止の表現に注意して中国語の会話を聞き、質問に答えましょう。

【問】 Tāmen wèishénme bú qù Xiǎo Zhāng jiā?
　　　他们 为什么 不 去 小 张 家?

　　A　tài wǎn le　　B　Xiǎo Zhāng bú zài　　C　bú rènshi lù
　　　 太 晚 了　　　　 小 张 不 在　　　　　 不 认识 路

　　＿＿＿＿＿＿＿＿

2　依頼の表現に注意して中国語の会話を聞き、質問に答えましょう。

【問】 Nǚ de xiǎng qǐng nán de zuò shénme?
　　　女 的 想 请 男 的 做 什么?

　　A　sòng tā　　B　qù Běijīng　　C　jiào tā qǐchuáng
　　　 送 她　　　　 去 北京　　　　 叫 她 起床

　　＿＿＿＿＿＿＿＿

◀◀ 音声内容 ▶▶

1
女：Jīntiān tài wǎn le, wǒmen bié qù Xiǎo Zhāng jiā le.
　　今天 太 晚 了，我们 别 去 小 张 家 了。
男：Hǎo, míngtiān zài qù ba.
　　好，明天 再 去 吧。

2
女：Wǒ míngtiān qù Běijīng, shàngwǔ de fēijī, nǐ néng sòng wǒ qù jīchǎng ma?
　　我 明天 去 北京，上午 的 飞机，你 能 送 我 去 机场 吗?
男：Méiwèntí, míngtiān wǒ xiūxi. Jǐ diǎn de fēijī?
　　没问题，明天 我 休息。几 点 的 飞机?
女：Shàngwǔ jiǔ diǎn èrshí de. Xièxie nǐ!
　　上午 九 点 二十 的。谢谢 你!
男：Bú kèqi! Zàijiàn.
　　不 客气! 再见。

解答 UNIT 17

1　禁止表現を使った会話文の聞き取り問題

【答え】　A　太晚了（tài wǎn le）（とても遅いです（から））

女：今日はとても遅くなりましたから、私たちは張さんの家に行かないことにしましょう。
男：はい。明日また行きましょう。
問：彼らはどうして張さんの家に行かないのですか？

「太～了」は「とても～である」という意味です。「別～了」は今回学んだ禁止の表現です。「～」の部分には、動詞だけではなく、「去小张家（動詞＋目的語）」のような動詞フレーズも入れることができます。Bは張さんはいない、Cは道がわからないという意味です。

2　依頼表現を使った会話文の聞き取り問題

【答え】　A　送她（sòng tā）（彼女を送る）

女：私は明日北京へ行きます。午前の飛行機です。あなたは私を空港へ送って行ってくれますか？
男：大丈夫ですよ。明日は休みです。何時の飛行機ですか？
女：午前9時20分のです。どうもありがとう！
男：どういたしまして！さようなら。
問：女性は男性に何をしてほしいのですか？

「能」は「できる」という意味の能願動詞ですが、ここでは「ある条件の下でできる・～してもよい（許可）」の意味で使われています（→UNIT9参照）。Bは北京へ行く、Cは「彼女を起床させる」という使役表現です。

UNIT 17　練習問題

1　次の1～3の中国語と組み合わせて意味が通るものをA～Cの中から選んでそれぞれ日本語に訳しましょう。

> 　　Wǒ jiā de gǒu xǐhuan chī xīguā.
> A 我家的狗喜欢吃西瓜。
> 　　Yǒu shíjiān qǐng nǐ dào Běijīng lái wánwanr.
> B 有时间请你到北京来玩玩儿。
> 　　Bié kàn le, méi yìsi!
> C 别看了，没意思！

　　Bié xiào le, wǒ shuō de shì zhēn de.
1) 别笑了，我说的是真的。
　　Nǐ shàngxīngqī kàn de nàge diànyǐng zěnmeyàng? Wǒ zhǔnbèi qù kànkan.
2) 你上星期看的那个电影怎么样？我准备去看看。
　　Tài hǎo le! Wǒ hěn xiǎng qù!
3) 太好了！我很想去！

1) _____　訳 _____
2) _____　訳 _____
3) _____　訳 _____

2　（　）に入る語をA～Cの中から選び、完成した文を日本語に訳しましょう。

> 　　ràng　　　　yào　　　　bié
> A 让　　B 要　　C 别

　　Xiǎomāo,　　　jiào le, zhèxiē yú dōu shì gěi nǐ zhǔnbèi de.
1) 小猫，（　　）叫了，这些鱼都是给你准备的。
　　Nǚ'ér （　　　wǒ huí jiā de shíhou mǎi xiē jīdàn.
2) 女儿（　　）我回家的时候买些鸡蛋。
　　Bú　　　chī tài duō.
3) 不（　　）吃太多。

1) _____　訳 _____
2) _____　訳 _____
3) _____　訳 _____

204

3 文を読んで、★の文が内容と合致する場合は「✓」、合致しない場合は「×」で答えましょう。

1) Chànggē shì yíjiàn ràng rén gāoxìng de shìqing, měinián shēngrì wǒ dōu huì
   唱歌 是 一件 让 人 高兴 的 事情，每年 生日 我 都 会
   hé péngyou qù chànggē.
   和 朋友 去 唱歌。

   Wǒ ài chànggē.
   ★ 我 爱 唱歌。

2) Bàba, nǐ shēntǐ bùhǎo, bié hē tàiduō le. Yīshēng bú ràng nǐ měitiān dōu
   爸爸，你 身体 不好，别 喝 太多 了。医生 不 让 你 每天 都
   hē, yào hǎohao xiūxi.
   喝，要 好好 休息。

   Tā bàba hěn néng hē.
   ★ 他 爸爸 很 能 喝。

3) Chén lǎoshī, wǒ hé wǒ tóngxué hěn xiǎng qù Zhōngguó xuéxí Hànyǔ. Wǒmen
   陈 老师，我 和 我 同学 很 想 去 中国 学习 汉语。我们
   xiǎng qǐng nín jièshào yíxià Zhōngguó xuéxiào de shìqing.
   想 请 您 介绍 一下 中国 学校 的 事情。

   Tā hé tā tóngxué zài Zhōngguó xuéxí Hànyǔ.
   ★ 他 和 他 同学 在 中国 学习 汉语。

1) _____   2) _____   3) _____

UNIT 17 解答

1 禁止・使役の会話文の組み合わせ問題

1) A　Wǒ jiā de gǒu xǐhuan chī xīguā.
　　　我 家 的 狗 喜欢 吃 西瓜。
　　　私の家の犬はスイカを食べるのが好きです。

　　　Bié xiào le, wǒ shuō de shì zhēn de.
　　　别 笑 了, 我 说 的 是 真 的。
　　　笑わないで。私が言ったのは本当です。

2) C　Nǐ shàngxīngqī kàn de nàge diànyǐng zěnmeyàng? Wǒ zhǔnbèi qù kànkan.
　　　你 上星期 看 的 那个 电影 怎么样? 我 准备 去 看看。
　　　先週見たあの映画はどうでしたか？私は見に行ってみるつもりです。

　　　Bié kàn le, méi yìsi!
　　　别 看 了, 没 意思!
　　　見ないで、おもしろくないです！

3) B　Yǒu shíjiān qǐng nǐ dào Běijīng lái wánwanr.
　　　有 时间 请 你 到 北京 来 玩玩儿。
　　　時間があればどうぞ北京に遊びに来てください。

　　　Tài hǎo le! Wǒ hěn xiǎng qù!
　　　太 好 了! 我 很 想 去!
　　　いいですね！　私はとても行きたいです！

2 禁止・使役の文の空所補充問題

1) C　Xiǎomāo, bié jiào le, zhèxiē yú dōu shì gěi nǐ zhǔnbèi de.
　　　小猫,（别）叫 了, 这些 鱼 都 是 给 你 准备 的。
　　　小猫ちゃん、鳴かないで。これらの魚はみんなあなたのために準備したものですよ。

2) A　Nǚ'ér ràng wǒ huí jiā de shíhou mǎi xiē jīdàn.
　　　女儿（让）我 回 家 的 时候 买 些 鸡蛋。
　　　娘は私が帰る時に卵をいくつか買わせました。

3) B　Bú yào chī tài duō.
　　　不（要）吃 太 多。
　　　たくさん食べ過ぎてはいけません。

3　禁止・使役の文の読み取り問題

1) ✓
Chànggē shì yíjiàn ràng rén gāoxìng de shìqing, měinián shēngrì wǒ dōu
唱歌 是 一件 让 人 高兴 的 事情，每年 生日 我 都
huì hé péngyou qù chànggē.
会 和 朋友 去 唱歌。
歌を歌うことは人を楽しくさせる１つのもので、毎年誕生日には私はいつも友達と歌を歌いに行きます。

　　Wǒ ài chànggē.
★ 我 爱 唱歌。
　私は歌を歌うのが好きです。

2) ✓
Bàba, nǐ shēntǐ bùhǎo, bié hē tàiduō le. Yīshēng bú ràng nǐ
爸爸，你 身体 不好，别 喝 太多 了。医生 不 让 你
měitiān dōu hē, yào hǎohao xiūxi.
每天 都 喝，要 好好 休息。
お父さん、あなたの体はよくないから、飲み過ぎてはいけません。医者があなたに毎日飲ませないのだから（飲まないように言っているのだし）、じっくり休息しなければなりません。

　　Tā bàba hěn néng hē.
★ 他 爸爸 很 能 喝。
　お父さんは（お酒を）たくさん飲みます。

3) ✗
Chén lǎoshī, wǒ hé wǒ tóngxué hěn xiǎng qù Zhōngguó xuéxí Hànyǔ.
陈 老师，我 和 我 同学 很 想 去 中国 学习 汉语。
Wǒmen xiǎng qǐng nín jièshào yíxià Zhōngguó xuéxiào de shìqing.
我们 想 请 您 介绍 一下 中国 学校 的 事情。
陳先生、私とクラスメートはとても中国へ中国語を勉強しに行きたいのです。私たちは先生に中国の学校の事情を紹介していただきたいです。

　　Tā hé tā tóngxué zài Zhōngguó xuéxí Hànyǔ.
★ 他 和 他 同学 在 中国 学习 汉语。
　彼とクラスメートは中国で中国語を学んでいます。

UNIT 18 語気助詞の使い方
～吧、呢、吗、了、的～

t2Q-28-U18

Wǒmen　yìqǐ　chīfàn　ba!
我们 一起 吃饭 吧!

一緒にご飯を食べましょう！

HSKの聴解問題では毎回会話文が出題されます。会話文で、微妙な気持ちを伝える役割を果たすのが語気助詞です。このUNITでは、2級で出題される語気助詞の意味や、使い方を学んでいきましょう。

覚えておきたい基本単語

☆	吧	ba	～でしょう・～しましょう（語気助詞）
	吗	ma	～か？（語気助詞）
	呢	ne	～は？・～している（語気助詞）
	的	de	～なのです（語気助詞）

POINT 1

文末の語気助詞は気持ちを伝える
－疑問、省略、推量、変化の表現－

語気助詞とは「明日学校に来ますよね」「困ったな」という文の「よね」「な」に当たる語です。疑問、省略、進行、推量や勧誘などのニュアンスを表現します。すでに進行形（呢）や疑問文（吗）などで既習のものもありますが、ここでは、その使い方をもう一度まとめ直します。

「吗」の使い方

文末に「吗 ma」を置くだけで、疑問文を作ることができます。

你 是 老师 吗?
Nǐ shì lǎoshī ma?
あなたは先生ですか？

「呢」の使い方

● 疑問文を省略して尋ねる「呢」：～は
「名詞＋呢 ne」で「～は」という意味の疑問文を作ることができます。

我 吃 这个 菜。你 呢?
Wǒ chī zhège cài. Nǐ ne?
私はこの料理を食べます。　あなたは？

● 進行形の「呢」：～している
進行や持続の文で、「呢 ne」を使うことがあります。この「呢 ne」は省略可能です（→UNIT15参照）。

外面 正在 下 雪 呢。
Wàimiàn zhèngzài xià xuě ne.
外は今雪が降っています。

外面 下着 雪 呢。
Wàimiàn xiàzhe xuě ne.
外は雪が降り続いています。

「吧」の使い方

文末に「吧 ba」を置くと、推量・勧誘などのニュアンスを表現できます。

● 推量の「吧」：～でしょう

你 看 了 吗? 没 什么 问题 吧?
Nǐ kàn le ma? Méi shénme wèntí ba?
あなたは見ましたか？　何の問題もないでしょう？

● 勧誘の「吧」：～しましょう

不要 看 报纸 了，开始 工作 吧。
Búyào kàn bàozhǐ le, kāishǐ gōngzuò ba.
新聞を見るのはやめて、仕事を始めましょう。

> 聞き取りトレーニング

会話を聞いて、日本語に訳しましょう。

訳　女：＿＿＿＿＿＿＿＿＿＿＿＿＿＿＿＿＿＿＿＿＿＿＿＿＿＿＿＿＿＿＿＿＿

　　男：＿＿＿＿＿＿＿＿＿＿＿＿＿＿＿＿＿＿＿＿＿＿＿＿＿＿＿＿＿＿＿＿＿

>>> 音声内容

女：爸爸，生日 快乐！
　　Bàba, shēngrì kuàilè!

男：谢谢 你！ 这 是 你 写 的 吧? 真 漂亮。
　　Xièxie nǐ! Zhè shì nǐ xiě de ba? Zhēn piàoliang.

【答え】
　女：お父さん、お誕生日おめでとうございます！
　男：ありがとう！これはあなたが書いたのでしょう？本当にきれいです。

【参考】「～おめでとう」と言うとき、中国語では「～快乐」と言います。
　　新年 快乐。　新年おめでとうございます。
　　Xīnnián kuàilè.

「了」の使い方

文末に置く「了」は「～してしまいました」というように物事が変化した状況を説明するニュアンスがあります（→UNIT14参照）。
この「了」は決まったフレーズで用いられることが多いです。

● 「已经～了」「都～了」：すでに～してしまった
　他 已经 五 岁 了。
　Tā yǐjing wǔ suì le.
　彼はもう5歳になりました。

● 「别～了」：～しないで（目の前のことをやめさせる）
　别 说话 了。
　Bié shuōhuà le.
　話をしないで。

● 「太～了」：たいへん～である
　太 谢谢 了。
　Tài xièxie le.
　本当にありがとうございました。

「的」の使い方

「的 (de)」が文末にあると、「〜なのです」というように、はっきりと断定するニュアンスになります。これは「是 (shì)〜的 (de)」構文の「的 (de)」でもあります (「是 (shì)」は省略されることがあります)。

你 的 车 是 什么 时候 买 的?
Nǐ de chē shì shénme shíhou mǎi de?
あなたの車はいつ買ったのですか？

HSKの例文　会話文では頻出の語気助詞

中国語は語気助詞がなくても通じる場合が多いですが、語気助詞があることにより、微妙な話者の気持ちを伝えることができます。聴解の会話文では、語尾の語気助詞を正確に聞き取り、そのニュアンスを理解するようにしましょう。次の会話は、HSK第2部分の、会話を聞いて写真を選ぶ問題です。語気助詞に気をつけて日本語に訳してみましょう。

男：天気 太 热 了, 吃 块儿 西瓜 吧。
　　Tiānqì tài rè le, chī kuàir xīguā ba.

女：好的, 谢谢。
　　Hǎode, xièxie.

【答え】
男：とても暑いですから、一緒にスイカを食べましょう。
女：いいですね。ありがとう。

● ポイント！

「太 (tài)〜了 (le)」と「吧 (ba)」(勧誘) が聞き取れたでしょうか。「好的 (hǎode)」の「的 (de)」もきっぱりと快諾するときの言い方です。単に「好 (hǎo)」というよりも、強く肯定する気持ちが込められています。

UNIT 18　練習問題

1　次の1～3の中国語と組み合わせて意味が通るものをA～Cの中から選んでそれぞれ日本語に訳しましょう。

> A　Wǒ de xiǎomāo ne?
> 　　我的小猫呢?
> B　Duìbuqǐ, qǐng děng yíxià, Wáng xiǎojiě hái méi dào.
> 　　对不起，请等一下，王小姐还没到。
> C　Jīntiān zhēn lěng, yǒu língxià shí dù ba?
> 　　今天真冷，有零下10*度吧?

1) Nǐ chūqù de shíhou duō chuān xiē yīfu.
   你出去的时候多穿些衣服。
2) Zài mén hòumiàn wánr ne.
   在门后面玩儿呢。
3) Zěnmeyàng? Xiànzài kěyǐ kāishǐ le ma?
   怎么样? 现在可以开始了吗?

1) _____　訳 _____
2) _____　訳 _____
3) _____　訳 _____

*～度(4級)：～度(℃)

2　(　)に入る語をA～Cの中から選び、完成した文を日本語に訳しましょう。

> A　le　　B　ne　　C　ba
> 　　了　　　呢　　　吧

1) Hē niúnǎi qián, xiān chī ge jīdàn
   喝牛奶前，先吃个鸡蛋(　　)。
2) Wǒ yào shuìjiào　　nà xiē tí míngtiān zài zuò ba.
   我要睡觉(　　)，那些题明天再做吧。
3) Kuài diǎnr, dàjiā dōu zài děng nǐ chīfàn
   快点儿，大家都在等你吃饭(　　)。

1) _____　訳 _____
2) _____　訳 _____
3) _____　訳 _____

212

3 文を読んで、★の文が内容と合致する場合は「✓」、合致しない場合は「×」で答えましょう。

1) Liú Xiàoxiao nǐ mǎi xīn shǒujī le ma? Wǒ tīngjiàn Xiǎo Zhāng shuō nǐ de
   刘 笑笑 你 买 新 手机 了 吗？ 我 听见 小 张 说 你 的
   xīn shǒujī fēicháng hǎo, gěi wǒ kàn yíxià hǎo ma?
   新 手机 非常 好, 给 我 看 一下 好 吗？

   　　Xiǎo Zhāng mǎi xīn shǒujī le
   ★ 小 张 买 新 手机 了。

2) Lǐ xiānsheng, duìbuqǐ, wǒ bàba zài gōngsī ne, hái méi huílai. Nǐ zhǎo
   李 先生，对不起，我 爸爸 在 公司 呢，还 没 回来。你 找
   tā yǒushì ma? Qǐng gěi tā dǎdiànhuà ba!
   他 有事 吗？ 请 给 他 打电话 吧！

   　　Lǐ xiānsheng zài gōngsī ne.
   ★ 李 先生 在 公司 呢。

3) Tiān hěn wǎn le, bié huíqu le! Jīntiān zhù wǒ zhèr ba! Wǒmen yìqǐ
   天 很 晚 了，别 回去 了！ 今天 住 我 这儿 吧！ 我们 一起
   kàn Zhōngguó de   zěnmeyàng?
   看 中国 的 DVD, 怎么样？

   　　Tāmen xiànzài bú zài jiālǐ.
   ★ 他们 现在 不 在 家里。

1) ＿＿＿＿　2) ＿＿＿＿　3) ＿＿＿＿

UNIT 18 解 答

1 語気助詞を使った会話文の組み合わせ問題

1) C *Jīntiān zhēn lěng, yǒu língxià shídù ba?*
   今天 真 冷, 有 零下 10度 吧?
   今日は本当に寒いです。マイナス10度はあるでしょう？

   Nǐ chūqù de shíhou duō chuān xiē yīfu.
   你 出去 的 时候 多 穿 些 衣服。
   外出するときはたくさん服を着てください。

   多＋動詞：多く～する　このように「多」は動詞を修飾することができます。

2) A *Wǒ de xiǎomāo ne?*
   我 的 小猫 呢?
   私の猫ちゃんは？

   Zài mén hòumiàn wánr ne.
   在 门 后面 玩儿 呢。
   ドアの後ろで遊んでいます。

3) B *Zěnmeyàng? Xiànzài kěyǐ kāishǐ le ma?*
   怎么样? 现在 可以 开始 了 吗?
   どうですか？今始めてしまってもよろしいですか？

   Duìbuqǐ, qǐng děng yíxià, Wáng xiǎojiě hái méi dào.
   对不起, 请 等 一下, 王 小姐 还 没 到。
   すみません、ちょっと待ってください、王さんがまだ着いていません。

   「一下」は「動詞＋一下」で「ちょっと～する」という意味になります。

2 語気助詞を使った文の空所補充問題

1) C *Hē niúnǎi qián, xiān chī ge jīdàn ba.*
   喝 牛奶 前, 先 吃 个 鸡蛋 (吧)。
   牛乳を飲む前に、まず卵を食べましょう。

2) A *Wǒ yào shuìjiào le, nà xiē tí míngtiān zài zuò ba.*
   我 要 睡觉 (了), 那 些 题 明天 再 做 吧。
   私はもうすぐ寝ますので、それらの問題は明日やりましょう。

3) B *Kuài diǎnr, dàjiā dōu zài děng nǐ chīfàn ne.*
   快 点儿, 大家 都 在 等 你 吃饭 (呢)。
   ちょっと早くして。みんなあなたがご飯を食べるのを待っているのだから。

3 語気助詞を使った文の読み取り問題

1) ✗
Liú Xiàoxiao nǐ mǎi xīn shǒujī le ma? Wǒ tīngjiàn Xiǎo Zhāng shuō
刘笑笑你买新手机了吗？我听见小张说
nǐ de xīn shǒujī fēicháng hǎo, gěi wǒ kàn yíxià hǎo ma?
你的新手机非常好，给我看一下好吗？
劉笑笑、あなたは新しい携帯電話を買ったのですか？私は張さんがあなたの新しい携帯電話はとてもいいと言うのを耳にしましたが、私にちょっと見せてくれませんか？

Xiǎo Zhāng mǎi xīn shǒujī le.
★ 小张买新手机了。
張さんは新しい携帯電話を買いました。

2) ✗
Lǐ xiānsheng, duìbuqǐ, wǒ bàba zài gōngsī ne, hái méi huílai. Nǐ
李先生，对不起，我爸爸在公司呢，还没回来。你
zhǎo tā yǒushì ma? Qǐng gěi tā dǎdiànhuà ba!
找他有事吗？请给他打电话吧！
李さん、すみません、私のお父さんは会社にいて、まだ帰って来ません。あなたは彼に用があって捜しているのですか？彼に電話をかけてください！

Lǐ xiānsheng zài gōngsī ne.
★ 李先生在公司呢。
李さんは会社にいます。

3) ✗
Tiān hěn wǎn le, bié huíqu le! Jīntiān zhù wǒ zhèr ba! Wǒmen
天很晚了，别回去了！今天住我这儿吧！我们
yìqǐ kàn Zhōngguó de DVD, zěnmeyàng?
一起看中国的DVD，怎么样？
遅くなったので、帰らないで！今日は私のところに泊まっていってください！一緒に中国のDVDを見るのはどうですか？

Tāmen xiànzài bú zài jiāli.
★ 他们现在不在家里。
彼らは今家にいません。

UNIT 19 補語

t2Q-29-U19

Shíjiān guò de zhēn kuài.
时间 过 得 真 快。

時間が過ぎるのは本当に早いです。

中国語は、動詞や形容詞の後ろに置いてそれらの具体的な内容を補足説明する「補語」が発達した言語です。補語には結果補語、様態補語、方向補語、可能補語があります。

覚えておきたい基本単語

☆	〜得…	de	（様態補語の文に使われる）
△	懂	dǒng	わかる（結果補語）
△	完	wán	〜し終わる（結果補語）
☆	给	gěi	あげる（結果補語→ほかの結果補語は 217 ページ参照）
	白	bái	白い
	不好意思	bùhǎoyìsi	決まりが悪い・気がひける（すみませんという意味で使われる）
☆	出	chū	出る

POINT 1 　補語は説明を加える役割

補語は、動詞や形容詞の後ろにつき、その動詞や形容詞に説明を加える補助的な役割をしています。補語には結果補語、様態補語、方向補語などがあります。それぞれの用法や付け加える意味について学びます。

結果補語の用法

2つの動詞を重ね、後ろの動詞が前の動詞の結果を説明する用法があります。このとき、後ろの動詞を結果補語といいます。結果補語になることができる動詞は限られていますので、少しずつ覚えていきましょう。

● 動詞＋結果補語

動詞の後に結果補語を置き、動詞の結果を説明することができます。例えば結果補語の1つである「懂 dǒng」は次のように使われます。

動詞 ＋ 結果補語

Nǐmen tīng dǒng wǒ shuō de huà le ma?
你们 听 　懂 　我 说 的 话 了 吗?
私が言ったことが聞いてわかりましたか？ ← 聞く＋わかる＝聞いた結果わかる

2級で出題される結果補語を確認してみましょう。
ここで紹介しているのは一例です。組み合わせによって、様々な意味を表現できるので、それぞれの結果補語の意味は、出てくるたびに確認しましょう。

前にくる動詞例	結果補語	意味
打 dǎ	错 cuò	(電話を) かけ間違える／(ワープロを) 打ち間違える
写 xiě		書き間違える
买 mǎi	到 dào	(買って) 手に入れる
找 zhǎo		探し当てる
看 kàn	懂 dǒng	読んで (見て) わかる
听 tīng		聞いてわかる
看 kàn	见 jiàn	見る・見かける
听 tīng		聞こえる
吃 chī	完 wán	食べ終わる
读 dú		読み終わる

前にくる動詞例	結果補語	意味
看 kàn	完 wán	読み (見) 終わる
考 kǎo		試験を受け終わる
卖 mài		売り切れる
做 zuò		やり終わる
准备 zhǔnbèi	好 hǎo	準備ができる
做 zuò		うまくやる
睡 shuì	着 zháo	寝つく
学 xué	会 huì	マスターする
送 sòng	给 gěi	あげる・贈る

217

- **結果補語＋了**
  結果補語は完了した事柄を述べるので、しばしば完了の「了」と一緒に用いられます。

  動詞 ＋ 結果補語 ＋了

  Zhège zì nǐ xiě cuò le, shì "bái", búshì "bǎi".
  这个字你写错了，是"白"，不是"百"。
  この字をあなたは書き間違えました。「百」ではなく、「白」です。

- **結果補語の否定形**
  結果補語はすでに完了した事柄を述べるので、完了の文と同様に、否定形は「没(有)」を使います。

  没有＋ 動詞 ＋ 結果補語

  Zuótiān de kǎoshì tí tài duō, wǒ méiyǒu zuò wán.
  昨天的考试题太多，我没有做完。
  昨日の試験は問題が多すぎて、私はやり終わりませんでした。

  没(有)＋ 動詞 ＋ 結果補語

  Bù hǎo yìsi, wǒ hái méi xué huì yóuyǒng ne.
  不好意思，我还没学会游泳呢。
  すみません、私はまだ泳ぎをマスターしていませんよ。

可能補語：「動詞＋不(得)＋結果補語」

動詞と結果補語の間に「得」「不」を入れて、それぞれ「～することができる」「～することができない」という、可能と不可能の意味になるものを可能補語といいます。

動詞 ＋得＋ 結果補語

Wǒ tīng de dǒng.
我听得懂。
私は聞いて理解することができます。

動詞 ＋不＋ 結果補語

Duìbuqǐ, wǒ tīng bu dǒng.
对不起，我听不懂。
すみません、私は聞いて理解することができません。

「没(有)」を使った結果補語の否定形の文との意味の違いを確認しましょう。

没(有)＋ 動詞 ＋ 結果補語

Zhège cài wǒ hái méi chī wán.
这个菜我还没吃完。
この料理を私はまだ食べ終えていません。

動詞 ＋不＋ 結果補語

Zhège cài wǒ chī bu wán.
这个菜我吃不完。
この料理を私は食べ終える（食べきる）ことができません。

様態補語の用法

動詞の後ろについて、動作の行われた様子がどのようであるのかを説明するものが様態補語です。

[動詞] + 得 + [形容詞]

Jīntiān de yángròu zuò de hěn hǎochī.
今天 的 羊肉 做 得 很 好吃。
今日の羊の肉はおいしく作り(料理し)ました。

様態補語がないと、「今日羊の肉を料理しました。」となりますが、どのように「作った(做zuò)」のかを説明するために、「得de+形容詞」で意味を付け加えています。

☀ 「得de」の後につく形容詞も直前に副詞(上の文では「很hěn」)を置きます。これがないと、対比の意味が生じてしまい、文を終えることができません。「很」は特別な意味をもたないので、「とても」という意味を加えるためには、程度を示すほかの副詞を使います。

Wǒ tiào de fēicháng hǎo.
我 跳 得 非常 好。
私は踊るのがとてもうまいです。

方向補語の用法

動詞の後ろに置いて、動作の方向を示すものを方向補語といいます。方向補語には次の3つの形があります。

● 動詞+去・来
　動詞の後に「去qù」を置くことで、「行く」、「来lái」を置くことで「来る」という意味を付け加えることができます。

[動詞] + [方向補語]

Zhège huǒchē cóng Běijīng kāi lai de.
这个 火车 从 北京 开 来 的。
この汽車は北京からやって来たのです。

☀ 「开kāi+来lái」で「運転する+来る」というように、「来る」という意味を付け加えています。

219

● 「動詞＋上・下・进・出・回・过・起・开」

動詞の後に置いて意味を付け加える方向補語には、去・来のほかに8種類あります。それぞれが付け加える意味を確認しましょう。

	shang 上	xia 下	jin 进	chu 出	hui 回	guo 过（4級）	qi 起	kai 开
付け加える意味	のぼる	おりる	入る	出る	帰る	過ぎる	起きる	はなれる

動詞 ＋ 方向補語

Kāishǐ xià yǔ le, wǒ pǎo huí jiā le.
开始 下 雨 了，我 跑 回 家 了。
雨が降り始めたので、私は家に駆け帰りました。

✳ 「跑＋回」で「走る＋帰る」というように、「帰る」という意味を付け加えています。

● 「(上・下・进・出・回・过・起・开)＋(去・来)」で作る方向補語

2つの方向補語を組み合わせて使うものもあります。同じように、動詞の後に置いて、意味を付け加えています。

	去	来
上	shàngqu 上去 あがっていく	shànglai 上来 あがってくる
下	xiàqu 下去 さがっていく	xiàlai 下来 さがってくる
进	jìnqu 进去 入っていく	jìnlai 进来 入ってくる
出	chūqu 出去 出ていく	chūlai 出来 出てくる
回	huíqu 回去 帰っていく	huílai 回来 帰ってくる
过（4級）	guòqu 过去 過ぎていく	guòlai 过来 やってくる
起	——	qǐlai 起来 起きてくる
开	——	kāilai 开来 広がってくる

＊方向補語は基本的に軽声になりますが、声調をつけて発音されることもあります。

動詞 ＋ 方向補語

Xiǎogǒu pǎo chūqu le.
小狗 跑 出去 了。
子犬は走り出て行った。

✳ この文では「跑＋出去」で「走る＋出て行く」というように、「出て行く」という意味を付け加えています。

様態補語（〜するのが〜である）の問題

HSKの例文

2級の問題では様態補語が頻出しています。聴解の第4部分から、様態補語が出てくる会話文を見ていきましょう。

女：你 学 汉语 多长 时间 了?
　　Nǐ xué Hànyǔ duōcháng shíjiān le?
男：快 两 年 了。
　　Kuài liǎng nián le.
女：你 说 得 很 不错。
　　Nǐ shuō de hěn búcuò.
男：听 和 说 还 可以，读 和 写 不好。
　　Tīng hé shuō hái kěyǐ, dú hé xiě bùhǎo.
问：他 的 汉语 怎么样?
　　Tā de Hànyǔ zěnmeyàng?

A 说 得 好　　B 写 得 好　　C 不会 写
　shuō de hǎo　　xiě de hǎo　　búhuì xiě

【答え】A 说 得 好 （話すのがうまい）
　　　　　shuō de hǎo

女：あなたは中国語をどのくらい学んでいるのですか？
男：もうすぐ2年になります。
女：あなたは話すのがすばらしいですね。
男：聞くのと話すのはまあまあですが、読むのと書くのはよくありません。
問：彼の中国語はどうですか？

● **ポイント！**

Bは「書くのがうまい」、Cは「書くことができない」という意味です。

補充単語

| 慢 | màn | 遅れる・遅い |

UNIT 19 練習問題　　t2Q-30-U19R

聞き取りトレーニング

1　音声を聞いて日本語に訳しましょう。

1) 女：_____
   男：_____

2) 女：_____
   男：_____

3) 女：_____
   男：_____

4) 女：_____
   男：_____

音声内容

1

1) 女：　Hòumiàn, zuì yòubian de shì wǒ, zhǎodào le ma?
　　　后面，最 右边 的 是 我，找到 了 吗？

　　男：　Zhǎodào le. Nǐ pángbiān nàge nǚháizi shì shéi?
　　　找到 了。你 旁边 那个 女孩子 是 谁？

2) 女：　Zhège tí nǐ búhuì zuò ma?
　　　这个 题 你 不会 做 吗？

　　男：　Shì, wǒ bù zhīdào zěnme zuò, wǒ méi tīngdǒng.
　　　是，我 不 知道 怎么 做，我 没 听懂。

3) 女：　Zài lái diǎr mǐfàn, nǐ chī de tài shǎo le.
　　　再 *来 点儿 米饭，你 吃 得 太 少 了。

　　男：　Hǎo de. Nǐ yě chī.
　　　好 的。你 也 吃。

4) 女：　Děngdeng wǒ, nǐ zǒu de tài kuài le.
　　　等等 我，你 走 得 太 快 了。

　　男：　Nǐ tài màn le.
　　　你 太 慢 了。

＊「来lái」は具体的な動作を表す動詞の代わりに用いられます。

222

解答　UNIT 19

1 補語を使った文の聞き取り問題

1) 女：後ろの、1番右のが私です。見つかりましたか？
   男：見つかりました。あなたの隣のその女の子は誰ですか？

2) 女：この問題をあなたはやることができませんか？
   男：はい。私はどうやってやるのかわかりません。私は聞いてわかりませんでした。

3) 女：もう少しご飯を食べてください（男に）／持って来てください（従業員に）。あなたはあまり食べていません。
   男：はい。あなたも食べてください。

4) 女：ちょっと待ってください。あなたは歩くのがとても速いです。
   男：あなたはとても遅いです。

UNIT 19 練習問題

1 次の1～3の中国語と組み合わせて意味が通るものをA～Cの中から選んでそれぞれ日本語に訳しましょう。

> Wǎnshang qù bu qù kàn diànyǐng?
> A 晚上 去不去 看 电影？
> Wǒmen wánr de hěn gāoxìng, hái xuéhuì le yìxiē Hànyǔ.
> B 我们 玩儿 得 很 高兴，还 学会 了 一些 汉语。
> Zěnme zhème kuài? Yǒuyìsi ma?
> C 怎么 这么 快？有意思 吗？

Qùnián liùyuè, wǒ hé zhàngfu qù Zhōngguó lǚyóu le.
1) 去年 六月，我 和 丈夫 去 中国 旅游 了。

Míngtiān yào kǎoshì, kǎo wán zài qù kàn ba.
2) 明天 要 考试，考 完 再 去 看 吧。

Nàběn shū wǒ yǐjing kàn wán le.
3) 那本 书 我 已经 看 完 了。

1) _____ 訳 _____
2) _____ 訳 _____
3) _____ 訳 _____

2 （　）に入る語をA～Cの中から選び、完成した文を日本語に訳しましょう。

> cuò　　　de　　　wán
> A 错　　B 得　　C 完

Nàběn shū nǐ dú le ma?
1) 那本 书 你 读（　　）了 吗？

Nǐ Hànyǔ shuō búcuò, xué le duōcháng shíjiān le?
2) 你 汉语 说（　　）不错，学 了 多长 时间 了？

Duìbuqǐ, nàge zì wǒ dǎ le.
3) 对不起，那个 字 我 打（　　）了。

1) _____ 訳 _____
2) _____ 訳 _____
3) _____ 訳 _____

3 文を読んで、★の文が内容と合致する場合は「✓」、合致しない場合は「×」で答えましょう。

1) Xiǎo Míng, nǐ chīfàn chī de tài kuài le! Māma búshì shuōguo ma, chīfàn
小 明，你 吃饭 吃 得 太 快 了！妈妈 不是 说过 吗，吃饭
chī de tài kuài, duì shēntǐ bùhǎo.
吃 得 太 快，对 身体 不好。

Xiǎo Míng chī de hěn màn.
★小 明 吃 得 很 慢。

2) Shàng xīngqī mǎi de nà běn xuéxí Hànyǔ de shū, zhēn yǒu yìsi! Wǒ yǐjing
上 星期 买 的 那 本 学习 汉语 的 书，真 有 意思！我 已经
dōu dú wánle. Nǐ yě dúyidú ba!
都 读 完了。你 也 读一读 吧！

Tā hái méi kàn wán nà běn Hànyǔ shū.
★他 还 没 看 完 那 本 汉语 书。

3) Zhào xiǎojiě, jīntiān shì nǐ de shēngrì, zhè shì sònggěi nǐ de. Qǐng dǎkāi
赵 小姐，今天 是 你 的 生日，这 是 送给 你 的。请 打开
lái kànkan shì shénme dōngxi. Xīwàng nǐ néng xǐhuan tā.
来 看看 是 什么 东西。希望 你 能 喜欢 它。

Zhào xiǎojiě zhīdào shì shénme dōngxi.
★赵 小姐 知道 是 什么 东西。

1) _____   2) _____   3) _____

UNIT 19 解 答

1 補語を使った会話文の組み合わせ問題

1) B 去年 六月, 我 和 丈夫 去 中国 旅游 了。
   Qùnián liùyuè, wǒ hé zhàngfu qù Zhōngguó lǚyóu le.
   去年の6月、私と夫は中国へ旅行に行きました。

   我们 玩儿 得 很 高兴, 还 学会 了 一些 汉语。
   Wǒmen wánr de hěn gāoxìng, hái xuéhuì le yìxiē Hànyǔ.
   私たちは楽しく遊んで、またいくらか中国語も習得しました。

2) A 晚上 去 不 去 看 电影?
   Wǎnshang qù bu qù kàn diànyǐng?
   夜映画を見に行きませんか？

   明天 要 考试, 考 完 再 去 看 吧。
   Míngtiān yào kǎoshì, kǎo wán zài qù kàn ba.
   明日は試験がありますので、試験が終わったらまた見に行きましょう。

3) C 那本 书 我 已经 看 完 了。
   Nàběn shū wǒ yǐjing kàn wán le.
   あの本を私はすでに読み終わりました。

   怎么 这么 快? 有意思 吗?
   Zěnme zhème kuài? Yǒuyìsi ma?
   どうしてこんなに早いのですか？おもしろかったですか？

2 補語を使った文の空所補充問題

1) C 那本 书 你 读(完) 了 吗?
   Nàběn shū nǐ dú wán le ma?
   あの本をあなたは読み終わりましたか？

2) B 你 汉语 说(得) 不错, 学 了 多长 时间 了?
   Nǐ Hànyǔ shuō de búcuò, xué le duōcháng shíjiān le?
   あなたは中国語を話すのが上手ですが、どのくらいの時間勉強しましたか？

3) A 对不起, 那个 字 我 打(错) 了。
   Duìbuqǐ, nàge zì wǒ dǎ cuò le.
   すみません、あの字を私は打ち間違えました。

3 補語を使った文の読み取り問題

1) ✗ Xiǎo Míng, nǐ chīfàn chī de tài kuài le! Māma búshì shuōguò ma,
小 明,你 吃饭 吃 得 太 快 了！妈妈 不是 说过 吗,
chīfàn chī de tài kuài, duì shēntǐ bùhǎo.
吃饭 吃 得 太 快,对 身体 不好。
明さん、あなたはご飯を食べるのがとても速いですね！お母さんは言いませんでしたか、食べるのが速いのは、体によくありません。

Xiǎo Míng chī de hěn màn.
★ 小 明 吃 得 很 慢。
明さんはご飯を食べるのが遅いです。

「过」は「〜し終わる」という意味の結果補語です。また、様態補語の文の否定は、様態補語の部分を否定し、「吃得不快」という形になります。

2) ✗ Shàng xīngqī mǎi de nà běn xuéxí Hànyǔ de shū, zhēn yǒu yìsi!
上 星期 买 的 那 本 学习 汉语 的 书,真 有 意思！
Wǒ yǐjing dōu dú wánle. Nǐ yě dúyidú ba!
我 已经 都 读 完了。你 也 读一读 吧！
先週買ったあの中国語学習の本は、本当におもしろいです！私はすでにすべて読み終わりました。あなたも読んでみてください！

Tā hái méi kàn wán nà běn Hànyǔ shū.
★ 他 还 没 看 完 那 本 汉语 书。
彼はまだその中国語の本を読み終わっていません。

結果補語の否定文は「没」を使います。

3) ✗ Zhào xiǎojiě, jīntiān shì nǐ de shēngrì, zhè shì sònggěi nǐ de. Qǐng
赵 小姐,今天 是 你的 生日,这 是 送给 你 的。请
dǎkāi lái kànkan shì shénme dōngxi. Xīwàng nǐ néng xǐhuan tā.
打开 来 看看 是 什么 东西。希望 你 能 喜欢 它。
趙さん、今日はあなたの誕生日です。これはあなたにあげるものです。どんなものか開けてみてください。それを気に入ってくれるといいけれども。

Zhào xiǎojiě zhīdào shì shénme dōngxi.
★ 赵 小姐 知道 是 什么 东西。
趙さんはどんなものであるか知っています。

「送给（あげる）」の「给」は結果補語です。「打开」は「開ける」という意味。「来」は「積極的にする」というニュアンスを表す動詞です。

UNIT 20 複文

t2Q-31-U20

> Yīnwèi xià yǔ, suǒyǐ wǒmen dōu méi qù.
> **因为 下 雨，所以 我们 都 没 去。**
> 雨が降ったので、私たちはみんな行きませんでした。

2つ以上の文で、それらが意味の上からつながっているものを複文といいます。このUNITでは、因果関係、逆接関係というような意味上のつながりのある複文について学びましょう。

覚えておきたい基本単語

	因为	yīnwèi	～なので（原因を表す）
○	所以	suǒyǐ	～なので（結果を表す）
○	但是	dànshì	～しかし…

POINT 1 複文表現

中国語では、2つの文を並べるだけで表現する複文の用法もあります。会話文などで、状況が明確な場合は、文を並べるだけの複文表現は一般的です。しかし、両者の関係をより明確にするために、それぞれの文頭に2つの関係の意味を示す言葉もあります。それを関連詞といいます。

2つの文を並べるだけで作る複文

2つあるいはそれ以上の文を並べると、その関係から2つをつなぐ意味が生じます。例えば、下の2つの文を並べてみましょう。

Míngtiān kěnéng huì xià xuě.
明天 可能 会 下 雪。
明日おそらく雪が降るでしょう。

Wǒ bù chūqu le.
我 不 出去 了。
私は外出しないことにしました。

Míngtiān kěnéng huì xià xuě, wǒ bù chūqu le.
→**明天 可能 会 下 雪，我 不 出去 了。**
明日おそらく雪が降るから、私は外出しないことにしました。

この2つの文は、1つ目が理由、2つ目が結果の行動を表し、因果関係で意味上つながります。次の2つの文はどうでしょうか。

Tā bú shì Zhōngguórén.
他 不 是 中国人。
彼は中国人ではありません。

Tā de Hànyǔ hěn hǎo.
他 的 汉语 很 好。
彼の中国語はうまいです。

Tā bú shì Zhōngguórén, tā de Hànyǔ hěn hǎo.
→**他 不 是 中国人，他 的 汉语 很 好。**
彼は中国人ではないのに、彼の中国語はうまいです。

この2つの文は、逆接関係で意味がつながります。
このように、2つの文を並べるだけでも因果関係、逆接関係などの関係を表せます。会話文などで、状況が明確な場合によく使われる表現です。

関連詞を使った複文

● 因果関係：〜なので
　複文の因果関係を明確に示すためには「因为 (yīnwèi)」と「所以 (suǒyǐ)」という関連詞を使います。

　　因为 ＋ 理由を説明する文 ＋ 所以 ＋ その結果の行動を述べる文

Yīnwèi míngtiān kěnéng huì xià xuě, suǒyǐ wǒ bù chūqù le.
因为 明天 可能 会 下雪，所以 我 不 出去 了。
明日はおそらく雪が降るから、私は外出しないことにしました。

「因为 (yīnwèi)」と「所以 (suǒyǐ)」はどちらか一方だけでも構いません。また、状況が明確な場合には、2つとも省略しても構いません。

Yīnwèi míngtiān kěnéng huì xià xuě, wǒ bù chūqù le.
因为 明天 可能 会 下 雪，我 不 出去 了。
明日はおそらく雪が降るから、私は外出しないことにしました。

Míngtiān kěnéng huì xià xuě, suǒyǐ wǒ bù chūqù le.
明天 可能 会 下 雪，所以 我 不 出去 了。
明日はおそらく雪が降るから、私は外出しないことにしました。

● 逆接関係：〜であるが、しかし〜
　複文の逆接関係を明確に示すためには「但是 (dànshì)」という関連詞を使います。「但是 (dànshì)」は「但 (dàn)」だけで使われることもあります。

　　文1 ＋ 但(是) ＋ 文1と反対の事実を述べた文

Wǒ huì chànggē, dànshì chàng de bù zěnmeyàng.
我 会 唱歌，但是 唱 得 ＊不 怎么样。
私は歌うことができるけれども、そんなに歌うのがうまくありません。
＊不怎么样 (bù zěnmeyàng)：ごく平凡な

HSKの例文: 逆接の関連詞の出てくる問題

聴解でも閲読でも、「但是(dànshì)」が出てきたときは要注意です。下は聴解の第3部分の問題です。最終的な結論は「但是(dànshì)」の後ろの内容になるので、正確に聞き取るようにしましょう。

女：明天 下午 你 去 唱歌 吗？
 　Míngtiān xiàwǔ nǐ qù chànggē ma?

男：我 想 去，但是 我 明天 下午 有 课。
 　Wǒ xiǎng qù, dànshì wǒ míngtiān xiàwǔ yǒu kè.

问：男 的 明天 下午 做 什么？
 　Nán de míngtiān xiàwǔ zuò shénme?

A 唱歌(chànggē)　　B 跳舞(tiàowǔ)　　C 上课(shàngkè)

【答え】 C 上课(shàngkè) （授業を受ける）

女：明日の午後あなたは歌を歌いに行きますか？
男：私は行きたいのですが、しかし私は明日の午後授業があります。
问：男の人は明日の午後何をしますか？

UNIT 20　練習問題

1　次の１〜３の中国語と組み合わせて意味が通るものをＡ〜Ｃの中から選んでそれぞれ日本語に訳しましょう。

> A　Yīnwèi dǎbudào chūzūchē.
> 　　因为 打不到 出租车。
> B　Nǐ shì zhèli de fúwùyuán ma?
> 　　你 是 这里 的 服务员 吗?
> C　Xué *shì xuéguo, dànshì wǒ bú huì dú.
> 　　学 是 学过, 但是 我 不 会 读。

1) Wǒ shì xīnlái de, suǒyǐ nín kěnéng méi jiànguo wǒ.
   我 是 新来 的, 所以 您 可能 没 见过 我。
2) Zhège zì nǐ xuéguo ba, zěnme dú?
   这个 字 你 学过 吧, 怎么 读?
3) Nǐ zěnme lái wǎn le?
   你 怎么 来 晚 了?

1) _____　訳 _____
2) _____　訳 _____
3) _____　訳 _____

＊「A 是(shì) A」の形で「たしかに〜ではあるが」「〜することはしたが」の意味になります。

2　(　　)に入る語をＡ〜Ｃの中から選び、完成した文を日本語に訳しましょう。

> 　　suǒyǐ　　　　dànshì　　　　yīnwèi
> A 所以　　B 但是　　C 因为

1) Tā bú shì Zhōngguórén, Hànyǔ shuō de bú cuò ne.
   她 不 是 中国人, (　　) 汉语 说 得 不 错 呢。
2) Tā zhècì méi kǎohǎo, bù gāoxìng.
   他 这次 没 考好, (　　) 不 高兴。
3) wǒ érzi kuài shàngxué le, wǒ yào zǎodiǎnr zhǔnbèi.
   (　　) 我 儿子 快 上学 了, 我 要 早点儿 准备。

1) _____　訳 _____
2) _____　訳 _____
3) _____　訳 _____

3 文を読んで、★の文が内容と合致する場合は「✓」、合致しない場合は「×」で答えましょう。

1) 爸爸，你身体好吗？这 *半年我因为工作太忙，所以很长时间没回家看你。下星期六我和孩子一起回去。
   ★ 他准备去看他爸爸。

2) 张明，昨天我没来上课，因为有别的事。老师上课时说什么了？几号考试？
   ★ 他因为生病，所以没去上课。

3) 我昨天买的这个咖啡怎么样？好喝吧！但是太贵了，所以我买的很少。有钱了，再买吧。
   ★ 他买了不少咖啡。

1) _____ 2) _____ 3) _____

＊半年（3級）：半年

UNIT 20 解答

1 複文を使った会話文の組み合わせ問題

1) B Nǐ shì zhèli de fúwùyuán ma?
你 是 这里 的 服务员 吗?
あなたはここの従業員ですか？

Wǒ shì xīnlái de, suǒyǐ nín kěnéng méi jiànguo wǒ.
我 是 新来 的, 所以 您 可能 没 见过 我。
私は新しく来た者なので、あなたはおそらく私に会ったことがないでしょう。

2) C Zhège zì nǐ xuéguo ba, zěnme dú?
这个 字 你 学过 吧, 怎么 读?
この字をあなたは学んだでしょう。どうやって読みますか？

Xué shì xuéguo, dànshì wǒ bú huì dú.
学 是 学过, 但是 我 不 会 读。
学んだことは学んだけれど、読めません。

3) A Nǐ zěnme lái wǎn le?
你 怎么 来 晚 了?
どうして来るのが遅れたのですか？

Yīnwèi dǎbudào chūzūchē.
因为 打不到 出租车。
タクシーをつかまえられなかったものですから。

2 複文を使った文の空所補充問題

1) B Tā bú shì Zhōngguórén, dànshì Hànyǔ shuō de búcuò ne.
她 不 是 中国人，(但是) 汉语 说 得 不错 呢。
彼女は中国人ではありませんが、中国語を話すのがとてもすばらしいですね。

「说 得 不 错 呢」の「得 不 错」の部分は様態補語で、この部分は「話すのがすばらしい」という意味になります。

2) A Tā zhècì méi kǎohǎo, suǒyǐ bù gāoxìng.
他 这次 没 考好，(所以) 不 高兴。
彼は今回の試験はよくなかったので、うれしくありません。

3) C Yīnwèi wǒ érzi kuài shàngxué le, wǒ yào zǎodiǎnr zhǔnbèi.
(因为) 我 儿子 快 上学 了，我 要 早点儿 准备。
私の息子はもうすぐ入学しますから、少し早めに準備をしなければなりません。

3 　複文を使った文の読み取り問題

1) ✓ 　Bàba, nǐ shēntǐ hǎo ma? Zhè bànnián wǒ yīnwèi gōngzuò tài máng,
爸爸，你 身体 好 吗？ 这 半年 我 因为 工作 太 忙，
suǒyǐ hěn, cháng shíjiān méi huíjiā kàn nǐ. Xiàxīngqīliù wǒ hé háizi
所以 很， 长 时间 没 回家 看 你。下星期六 我 和 孩子
yìqǐ huíqù.
一起 回去。
お父さん、あなたは体はいいですか？この半年、私は仕事がとても忙しかったので、長い間家に帰ってあなたに会うことができませんでした。来週の土曜日私と子供は一緒に帰ります。
　　　　　Tā zhǔnbèi qùkàn tā bàba.
★他 准备 去看 他 爸爸。
彼は彼のお父さんに会いに行くつもりです。

2) ✗ 　Zhāng Míng, zuótiān wǒ méi lái shàngkè, yīnwèi yǒu bié de shì. Lǎoshī
张 明， 昨天 我 没 来 上课， 因为 有 别 的 事。老师
shàngkè shí shuō shénme le? Jǐ hào kǎoshì?
上课 时 说 什么 了？ 几号 考试？
張明、私は昨日、授業に来ませんでした、別の用があったので。先生は授業の時に何か言っていましたか？何日に試験ですか？
　　　　　Tā yīnwèi shēngbìng, suǒyǐ méi qù shàngkè.
★他 因为 生病，所以 没 去 上课。
彼は病気になったので、授業に行かなかった。

3) ✗ 　Wǒ zuótiān mǎi de zhège kāfēi zěnmeyàng? Hǎohē ba! Dànshì tài
我 昨天 买 的 这个 咖啡 怎么样？ 好喝 吧！ 但是 太
guì le, suǒyǐ wǒ mǎi de hěn shǎo. Yǒu qián le, zài mǎi ba.
贵 了，所以 我 买 的 很 少。有 钱 了，再 买 吧。
私が昨日買ったこのコーヒーはどうですか？おいしいでしょう！しかし、高すぎたので、私は少ししか買いませんでした。お金があったら、また買います。
　　　　　Tā mǎi le bù shǎo kāfēi.
★他 买 了 不 少 咖啡。
彼はコーヒーをたくさん買いました。

Part 5　実践問題

听　力

1 音声を聞いて、写真の内容と合致するものは「✓」、合致しないものは「×」と答えましょう。

1) 　　　　2)  　　　　3)

1) _____　2) _____　3) _____

2 音声を聞いて、その内容に合う写真を選び記号で答えましょう。

A　　　　B 　　　　C

1) _____　2) _____　3) _____

3

会話を聞いて、質問に対する答えをA～Cの中から1つ選びましょう。

1) A 打 出租车 (dǎ chūzūchē)　　B 打 电话 (dǎ diànhuà)　　C 去 医院 (qù yīyuàn)
2) A 他 手里 (tā shǒuli)　　B 他 家里 (tā jiāli)　　C 桌子上 (zhuōzishang)
3) A 妈妈 (māma)　　B 爸爸 (bāba)　　C 女孩儿 (nǚháir)

1) _____　2) _____　3) _____

4

会話を聞いて、質問に対する答えをA～Cの中から1つ選びましょう。

1) A 没有 (méiyǒu)　　B 睡觉 了 (shuìjiào le)　　C 起床 了 (qǐchuáng le)
2) A 今天 (jīntiān)　　B 明天 (míngtiān)　　C 昨天 (zuótiān)
3) A 玩儿 (wánr)　　B 学习 (xuéxí)　　C 看书 (kànshū)

1) _____　2) _____　3) _____

Part 5　実践問題

阅　读

1　次の文の内容に合う写真を選び記号で答えましょう。

A 　　　　　　　B 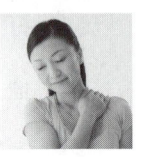　　　　　　　C

1) 因为 今天 有点儿 累，所以 我 不 想 去 运动 了。
   Yīnwèi jīntiān yǒudiǎnr lèi, suǒyǐ wǒ bù xiǎng qù yùndòng le.

2) 这件 衣服 很 漂亮，但是 太 贵 了。
   Zhèjiàn yīfu hěn piàoliang, dànshì tài guì le.

3) 读 完 这 本 书，我们 去 吃 饭 吧。
   Dú wán zhè běn shū, wǒmen qù chī fàn ba.

1) _____　2) _____　3) _____

2　（　）に入る語をA〜Dの中から選びましょう。

A 别 bié　B 了 le　C 得 de　D 请 qǐng

1) 小 刘 跑（　）太 快 了！
   Xiǎo Liú pǎo　tài kuài le!

2) 你 生病 了，（　）喝 酒 了！
   Nǐ shēngbìng le,　hē jiǔ le!

3) 女：你 儿子 多大 了？
   Nǐ érzi duōdà le?
   男：5 岁（　），明年 上学。
   Wǔ suì　míngnián shàngxué.

1) _____　2) _____　3) _____

3 文を読んで、★の文が内容と合致する場合は「✓」、合致しない場合は「✕」で答えましょう。

1) *Kuài bādiǎn bàn le, zhǔnbèi hǎo le ma?*
   快 8点 *半 了，准备 好 了 吗？
   Xiànzài bādiǎn bàn.
   ★ 现在 8点 半。

2) *Xiàoxiao, zhège zì xiě de bù hǎo, zài xiě yícì!*
   笑笑，这个 字 写 得 不 好，再 写 一次！
   Xiàoxiao bú huì xiě zì.
   ★ 笑笑 不 会 写 字。

3) *Wǒ yīnwèi zuótiān hěn máng, suǒyǐ méi qù pǎobù.*
   我 因为 昨天 很 忙，所以 没 去 跑步。
   Wǒ zuótiān bú tài máng.
   ★ 我 昨天 不 太 忙。

1) _____ 2) _____ 3) _____

*半（3級）：*bàn* 半（30分）

4 次の1～3の中国語と組み合わせて意味が通るものをA～Dの中から選びましょう。

A *Bú rènshi, dǎ cuò le.*
  不 认识，打 错 了。

B *Jīntiān de kè wǒ méi tīngdǒng.*
  今天 的 课 我 没 听懂。

C *Yīnwèi wǒ kǎoshì kǎo de bù hǎo.*
  因为 我 考试 考 得 不 好。

D *Ràng wǒ jièshào yíxià, zhè shì Zhào xiānsheng.*
  让 我 介绍 一下，这 是 赵 先生。

1) *Rènshi nín hěn gāoxìng!*
   认识 您 很 高兴！

2) *Wèishénme bú ràng wǒ gàosu māma?*
   为什么 不 让 我 告诉 妈妈？

3) *Qù wènwen lǎoshī ba!*
   去 问问 老师 吧！

1) _____ 2) _____ 3) _____

Part 5 解答

听 力

1 聞き取り問題（第1部分）

1) ✗ Māma ràng wǒ měitiān hē niúnǎi.
妈妈 让 我 每天 喝 牛奶。
お母さんは私に毎日牛乳を飲ませます。

2) ✓ Yīnwèi měitiān zuò yùndòng, suǒyǐ tā de shēntǐ hěn hǎo.
因为 每天 做 运动，所以 他 的 身体 很 好。
毎日運動をするので、彼の体は調子がいいです。

3) ✗ Xiǎo Liú yóuyǒng yóu de hěn kuài.
小 刘 游泳 游 得 很 快。
劉さんは泳ぐのが速いです。

2 聞き取り問題（第2部分）

1) C Bié zuò huǒchē qù le, tài màn.
男：别 坐 火车 去 了，太 慢。
汽車に乗って行かないでください。遅すぎます。

Méiguānxi, huǒchē piào piányi.
女：没关系，火车 票 便宜。
大丈夫。汽車の切符は安いです。

2) B Xiǎo Míng qù nǎr le?
女：小 明 去 哪儿 了？
明さんはどこへ行きましたか？

Wǒ ràng tā chūqù wánr le.
男：我 让 他 出去 玩儿 了。
私は彼を遊びに出て行かせました。

3) A Yīnwèi zhǔnbèi de hǎo, suǒyǐ nǚ'ér kǎoshì kǎo de hěn hǎo.
因为 准备 得 好，所以 女儿 考试 考 得 很 好。
準備をしっかりしましたので、娘は試験がよくできました。

3 聞き取り問題（第3部分）

1) B 打电话（電話をする）

   男：请问是第一医院吗？
   お尋ねしますが、第一病院ですか？

   女：你打错了。
   あなたはかけ間違えています。

   问：他们在做什么？
   彼らは何をしていますか？

2) A 他手里（手の中）

   男：我的手机找不到了，你看见了吗？
   私の携帯電話は見つけることができませんでした。あなたは見かけませんでしたか？

   女：就在你手里呢！
   あなたの手の中にありますよ！

   问：男的手机在哪儿呢？
   男の人の携帯電話はどこにありますか？

3) C 女孩儿（女の子）

   女：爸爸，让我去买水果吧！
   お父さん、私に果物を買いに行かせてください！

   男：好，给你钱。
   はい、あなたにお金をあげます。

   问：谁去买水果？
   誰が果物を買いに行きますか？

Part 5 解答

4 聞き取り問題（第4部分）

1) **A** 没有(いいえ)
   méiyǒu

   男：9点 了，你 怎么 不 睡觉?
   Jiǔdiǎn le, nǐ zěnme bú shuìjiào?
   9時になりましたが、あなたはどうして寝ないのですか？

   女：爸爸，我 在 学习 汉语 呢。
   Bàba, wǒ zài xuéxí Hànyǔ ne.
   お父さん、私は中国語を勉強しているところです。

   男：汉语 难 不 难?
   Hànyǔ nán bu nán?
   中国語は難しいですか？

   女：难，但是 我 很 喜欢。
   Nán, dànshì wǒ hěn xǐhuan.
   難しいです。しかし私は好きです。

   问：女 的 睡觉 了 吗?
   Nǚ de shuìjiào le ma?
   女の人は寝てしまいましたか？

2) **B** 明天(明日)
   míngtiān

   女：这件 事 你 觉得 怎么样?
   Zhèjiàn shì nǐ juéde zěnmeyàng?
   このことをあなたはどう思いますか？

   男：让 我 想想。
   Ràng wǒ xiǎngxiang.
   私にちょっと考えさせてください。

   女：明天 告诉 我，可以 吗?
   Míngtiān gàosu wǒ, kěyǐ ma?
   明日私に教えてください。いいですか？

   男：可以，明天 打 电话 给 你!
   Kěyǐ, míngtiān dǎ diànhuà gěi nǐ!
   いいですよ、明日あなたに電話します！

   问：男 的 什么 时候 给 女 的 打 电话?
   Nán de shénme shíhou gěi nǚ de dǎ diànhuà?
   男の人はいつ女の人に電話をしますか？

3) A 玩儿(遊んでいる)

女：Xiàoxiao, bié wán le. Míngtiān yǒu kǎoshì ba?
　　笑笑，别 玩 了。明天 有 考试 吧?
　　笑笑、遊ばないで。　明日試験があるんでしょう？

男：Māma, wǒ yǐjing kànwán shū le.
　　妈妈，我 已经 看完 书 了。
　　お母さん、私はすでに本を読み（勉強し）ました。

女：Kǎoshì méi wèntí ma?
　　考试 没 问题 吗?
　　試験は問題ないのですか？

男：Méi wèntí, wǒ zhǔnbèi hǎo le.
　　没 问题，我 准备 好 了。
　　大丈夫です。私はしっかり準備しました。

问：Xiàoxiao zài zuò shénme ne?
　　笑笑 在 做 什么 呢?
　　笑笑は何をしているところですか？

Part 5 解答

阅读

1 読解問題（第1部分）

1) B 因为 今天 有点儿 累,所以 我 不 想 去 运动 了。
   Yīnwèi jīntiān yǒudiǎnr lèi, suǒyǐ wǒ bù xiǎng qù yùndòng le.
   今日は少し疲れたので、私は運動をしに行きたくなくなりました。

2) C 这件 衣服 很 漂亮, 但是 太 贵 了。
   Zhèjiàn yīfu hěn piàoliang, dànshì tài guì le.
   この服はきれいですが、とても高いです。

3) A 读 完 这 本 书,我们 去 吃 饭 吧。
   Dú wán zhè běn shū, wǒmen qù chī fàn ba.
   この本を読み終わったら、ご飯を食べに行きましょう。

2 読解問題（第2部分）

1) C 小 刘 跑(得) 太 快 了!
   Xiǎo Liú pǎo de tài kuài le!
   劉さんは走るのがほんとうに速いです！

2) A 你 生病 了,(别)喝 酒 了!
   Nǐ shēngbìng le, bié hē jiǔ le!
   あなたは病気になったので、お酒を飲んではいけません！

3) B 女：你 儿子 多大 了？
   Nǐ érzi duōdà le?
   あなたの息子さんは何歳になりましたか？
   男：5 岁(了), 明年 上学。
   Wǔ suì le, míngnián shàngxué.
   5歳になりました。来年学校に上がります。

3 読解問題（第3部分）

1) ✗ 快 8点 半 了，准备 好 了 吗？
Kuài bādiǎn bàn le, zhǔnbèi hǎo le ma?
もうすぐ8時半になります。準備はよろしいですか？

★ 现在 8点 半。
Xiànzài bādiǎn bàn.
今8時半です。

2) ✗ 笑笑，这个 字 写 得 不 好，再 写 一次！
Xiàoxiao, zhège zì xiě de bù hǎo, zài xiě yícì!
笑笑、この字はうまく書けていません。もう一度書いてください！

★ 笑笑 不 会 写 字。
Xiàoxiao bú huì xiě zì.
笑笑は字を書くことができません。

3) ✗ 我 因为 昨天 很 忙，所以 没 去 跑步。
Wǒ yīnwèi zuótiān hěn máng, suǒyǐ méi qù pǎobù.
私は昨日忙しかったので、ジョギングに行きませんでした。

★ 我 昨天 不 太 忙。
Wǒ zuótiān bú tài máng.
私は昨日あまり忙しくありませんでした。

4 読解問題（第4部分）

1) D 让 我 介绍 一下，这 是 赵 先生。
Ràng wǒ jièshào yíxià, zhè shì Zhào xiānsheng.
私にちょっと紹介させてください、こちらは趙さんです。

认识 您 很 高兴！
Rènshi nín hěn gāoxìng!
あなたと知り合えてとてもうれしいです！

2) C 为什么 不 让 我 告诉 妈妈？
Wèishénme bú ràng wǒ gàosu māma?
どうして私にお母さんに言わせないのですか？

因为 我 考试 考 得 不 好。
Yīnwèi wǒ kǎoshì kǎo de bù hǎo.
私は受験してうまくいかなかったからです。

3) B 今天 的 课 我 没 听懂。
Jīntiān de kè wǒ méi tīngdǒng.
今日の授業を私は聞いてわかりませんでした。

去 问问 老师 吧！
Qù wènwen lǎoshī ba!
先生にちょっと聞きに行きましょう！

模擬問題

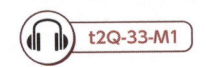

一、听 力

第一部分

第 1-10 题

例如： ✓ ✗

1. 
2. 
3. 
4. 
5. 
6. 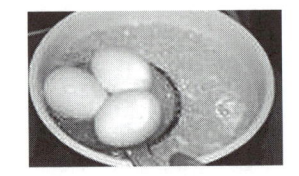
7. 
8. 
9. 
10.

第二部分

第 11 - 15 题

A　　　　　　　　　　　B

C 　　　　　　　　　　　D

E 　　　　　　　　　　　F

例如：男：你 喜欢 什么 运动？
　　　　女：我 最 喜欢 踢 足球。　　　　D

11.

12.

13.

14.

15.

第 16 - 20 题

A

B

C

D

E

16.

17.

18.

19.

20.

第三部分

第 21-30 题

例如：男：Xiǎo Wáng, zhèlǐ yǒu jǐ ge bēizi, nǎge shì nǐ de?
　　　　小 王, 这里 有 几 个 杯子, 哪个 是 你 的?
　　　女：Zuǒbian nàge hóngsè de shì wǒ de.
　　　　左边 那个 红色 的 是 我 的。
　　　问：Xiǎo Wáng de bēizi shì shénme yánsè de?
　　　　小 王 的 杯子 是 什么 颜色 的?

　　　A hóngsè 红色 ✓　　B hēisè 黑色　　C báisè 白色

21. A fànguǎn 饭馆　　B gōngsī 公司　　C tā de jiā 她 的 家

22. A zài gōngzuò 在 工作　　B zài xuéxí 在 学习　　C zài chīfàn 在 吃饭

23. A xǐhuan 喜欢　　B piányi 便宜　　C hǎochī 好吃

24. A shíwǔsuì 15 岁　　B bāsuì 8 岁　　C qīsuì 7 岁

25. A fēnzhōng 9 分钟　　B fēnzhōng 10 分钟　　C fēnzhōng 4 分钟

26. A shǒujī 手机　　B shū 书　　C shǒubiǎo 手表

27. A qù nǚ de jiā 去 女 的 家　　B hē niúnǎi 喝 牛奶　　C qù mǎi niúnǎi 去 买 牛奶

28. A Wáng xiānsheng 王 先生　　B Lǐ xiǎojiě 李 小姐　　C Zhāng lǎoshī 张 老师

29. A tā wánr 他 玩儿　　B tā chīfàn 他 吃饭　　C tā shuōhuà 他 说话

30. A xiǎomāo 小猫　　B xiǎogǒu 小狗　　C shǒubiǎo 手表

第四部分

第 31-35 题

例如：女：请在这儿写您的名字。
Qǐng zài zhèr xiě nín de míngzi.

男：是这儿吗？
Shì zhèr ma?

女：不是，是这儿。
Bú shì, shì zhèr.

男：好，谢谢。
Hǎo, xièxie.

问：男的要写什么？
Nán de yào xiě shénme?

A 名字 ✓　　B 时间　　C 房间号
　míngzi　　　　shíjiān　　　fángjiān hào

31. A 坐火车　　B 坐出租车　　C 坐公共汽车
　　　zuò huǒchē　　zuò chūzūchē　　zuò gōnggòngqìchē

32. A 不吃药　　B 不想去　　C 在吃饭
　　　bù chīyào　　bù xiǎng qù　　zài chī fàn

33. A 茶　　B 热水　　C 咖啡
　　　chá　　　rèshuǐ　　　kāfēi

34. A 中国朋友　　B 中国老师　　C 汉语书
　　　Zhōngguó péngyou　　Zhōngguó lǎoshī　　Hànyǔ shū

35. A 9月　　B 8月　　C 10月
　　　yuè　　　yuè　　　yuè

二、阅 读

第一部分

第 36 - 40 题

A

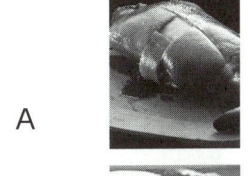

B

C

D

E

F

Měi ge xīngqīliù, wǒ dōu qù dǎ lánqiú.
例如：每 个 星期六，我 都 去 打 篮球。　　D

Jīntiān tiānqì bùhǎo, kěnéng huì xià yǔ.
36. 今天 天气 不好，可能 会 下 雨。

Jīnnián de dōngtiān hěn lěng, yào duō chuān xiē yīfu.
37. 今年 的 冬天 很 冷，要 多 穿 些 衣服。

Xiǎo Zhāng chàng de fēicháng hǎo.
38. 小 张 唱 得 非常 好。

Wǒ chīguo Běijīngcài, hěn hǎochī.
39. 我 吃过 北京菜，很 好吃。

Wǒ nǚ'ér hái méi shuìjiào, zhèngzài tīng yīnyuè ne.
40. 我 女儿 还 没 睡觉，正在 听 *音乐 呢。

*yīnyuè（3級）：音楽

第二部分

第 41-45 题

A 告诉 (gàosu)　B 因为 (yīnwèi)　C 没 (méi)　D 吧 (ba)　E 贵 (guì)　F 过 (guo)

例如：这儿 的 羊肉 很 好吃, 但是 也 很 (　　)。　[E]

41. 我 今天 有点儿 累, (　　) 工作 太 忙 了。

42. 我 没 看 (　　) 那个 电影, 很 想 看。

43. 老师, 你 说 得 太 快 了, 我 (　　) 听懂。

44. 请 (　　) 我 这个 字 怎么 读?

45. 晚上 我们 一起 去 吃饭 (　　)。

第三部分

第 46 - 50 题

例如：现在是 11 点 30 分，他们已经游了 20 分钟了。

★ 他们 11 点 10 分开始游泳。　　　　　✓

我会跳舞，但跳得不怎么样。

★ 我跳得非常好。　　　　　✗

46. 妈妈昨天买了 3 个西瓜，吃了一个，给了朋友一个。

★ 我家里还有 1 个西瓜。　　　　　☐

47. 今天上班太累了！晚饭不想做了，我们去外面吃吧。7 点在饭馆见！

★ 我正在吃晚饭呢。　　　　　☐

48. 张明，这本书给你看吧。我还没读完，因为要准备下个月的考试，所以没时间读。

★ 我已经读完了这本书。　　　　　☐

49. 我们 公司 旁边儿 的 饭馆 非常 好吃，我 每天 中午 都 去 那儿 吃饭，但是 小 赵 说 公司 前边 那个 饭馆 做 的 最 好吃。

★ 小 赵 喜欢 公司 旁边儿 的 饭馆。

50. 我 下个 星期 要 回 中国 了，所以 朋友 送给 我 一件 衣服。衣服 的 颜色 很 漂亮，但是 有点儿 小。我 可能 会 给 妹妹 穿。

★ 我 能 穿 朋友 送给 我 的 衣服。

第四部分

第 51-55 题

A 我 坐 明天 下午 的 飞机 去 北京，下星期二 回来。
Wǒ zuò míngtiān xiàwǔ de fēijī qù Běijīng, xiàxīngqī'èr huílai.

B 家里 有 吃 的 吗？ 我 还 没 吃 晚饭 呢。
Jiāli yǒu chī de ma? Wǒ hái méi chī wǎnfàn ne.

C 我 唱 得 不好，别 听 了。
Wǒ chàng de bùhǎo, bié tīng le.

D 你 打错 了，这儿 是 上海 大学。
Nǐ dǎcuò le, zhèr shì Shànghǎi Dàxué.

E 他 在 哪儿 呢？ 你 看见 他 了 吗？
Tā zài nǎr ne? Nǐ kànjiàn tā le ma?

F 我 在 车站 旁边儿 的 咖啡店里 等 你 呢。
Wǒ zài chēzhàn pángbiānr de kāfēidiànli děng nǐ ne.

例如：他 还 在 教室 里 学习。
Tā hái zài jiàoshì li xuéxí. → **E**

51. 你 在 哪儿 呢？ 我 快 到 了。
Nǐ zài nǎr ne? Wǒ kuài dào le.

52. 北京 比 这里 冷，多穿 一点儿 衣服。
Běijīng bǐ zhèli lěng, duōchuān yìdiǎnr yīfu.

53. 喂，请问 是 上海 医院 吗？
Wéi, qǐngwèn shì Shànghǎi yīyuàn ma?

54. 都 吃完 了，你 去 饭馆 吃 吧。
Dōu chīwán le, nǐ qù fànguǎn chī ba.

55. 小 明，让 我 听听 你 唱 的 歌。
Xiǎo Míng, ràng wǒ tīngting nǐ chàng de gē.

第 56-60 题

A 今天的苹果很便宜,你没买吗?

B 鸡蛋没有了,买些鸡蛋吧。

C 妈妈,我找不到那块红色的手表了。

D 张先生怎么还没来呢?

E 因为我不会写,所以写得不快。

56. 下午我去商店,有什么想买的东西吗?

57. 我帮你找找吧。

58. 笑笑,为什么你写得这么慢?

59. 我已经买过了,买了不少呢。

60. 他有事,今天不能来了。

模擬問題

一、听力

第1部分

1 正解 ✓

スクリプト 外面 下 雪 了，我 去 看看。
Wàimiàn xià xuě le, wǒ qù kànkan.

和訳 外は雪が降りました、ちょっと見に行ってみます。

2 正解 ✕

スクリプト 他 哥哥 会 唱 汉语 歌。
Tā gēge huì chàng Hànyǔ gē.

和訳 彼のお兄さんは中国語の歌を歌うことができます。

3 正解 ✓

スクリプト 笑笑 正在 和 同学 打 篮球 呢。
Xiàoxiao zhèngzài hé tóngxué dǎ lánqiú ne.

和訳 笑笑はちょうどクラスメートとバスケットボールをしているところです。

4 正解 ✕

スクリプト 多 吃 点儿，别 客气。
Duō chī diǎnr, bié kèqi.

和訳 たくさん食べてください、遠慮しないで。

5 正解 ✕

スクリプト 老师，这些 问题 我 都 回答 完 了。
Lǎoshī, zhèxiē wèntí wǒ dōu huídá wán le.

和訳 先生、これらの問題を私はすべて答え終わりました。

6 正解 ✓

スクリプト Míngming néng chī sānge jīdàn.
明明 能 吃 三个 鸡蛋。

和訳 明明は卵を3個食べることができます。

7 正解 ✓

スクリプト Wǒ shì zài shāngdiàn mǎi de shuǐguǒ.
我 是 在 商店 买 的 水果。

和訳 私は店で果物を買ったのです。

8 正解 ✗

スクリプト Bàba, nǐ shēngbìng le, yào xiūxi.
爸爸，你 生病 了，要 休息。

和訳 お父さん、あなたは病気になったのだから、休まなくてはいけません。

9 正解 ✗

スクリプト Māma de cài hěn hǎochī.
妈妈 的 菜 很 好吃。

和訳 お母さんの料理はとてもおいしいです。

10 正解 ✓

スクリプト Pǎobù duì shēntǐ hǎo.
跑步 对 身体 好。

和訳 ジョギングは体にいいです。

第2部分

11 正解　F

スクリプト
女：_{Zhè liǎng jiàn yīfu zěnmeyàng?}
　　这 两 件 衣服 怎么样？
男：_{Yòubian de bǐ zuǒbian de piàoliang.}
　　右边 的 比 左边 的 漂亮。

和訳
女：この2着の服はどうですか？
男：右のは左のよりもきれいです。

12 正解　A

スクリプト
女：_{Bàba, nǐ dú de tài kuài le, wǒ méi tīngdǒng.}
　　爸爸，你 读 得 太 快 了，我 没 听懂。
男：_{Hǎo, wǒ zài dú yícì.}
　　好，我 再 读 一次。

和訳
女：お父さん、読むのが速すぎて、私は聞いてわかりませんでした。
男：はい、私はもう一度読みましょう。

13 正解　B

スクリプト
男：_{Māma, wǒ chīhǎo le, kěyǐ qù wánr ma?}
　　妈妈，我 吃好 了，可以 去 玩儿 吗？
女：_{Qù ba.}
　　去 吧。

和訳
男：お母さん、私は充分に食べました。遊びに行ってもいいですか？
女：行きなさい。

14 正解　E

スクリプト
男：_{Nǐ pángbiān zhège rén shì shéi?}
　　你 旁边 这个 人 是 谁？
女：_{Ràng wǒ kànkan.}
　　让 我 看看。

和訳
男：あなたの横のこの人は誰ですか？
女：ちょっと見せてください。

15 正解　C

スクリプト
女：_{Nǐ jīntiān zěnme chī de zhème shǎo?}
　　你 今天 怎么 吃 得 这么 少？
男：_{Lèi le.}
　　累 了。

和訳
女：今日どうして食べるのがこんなに少ないのですか？
男：疲れました。

16 正解　E

スクリプト
男：Nǐ de shǒubiǎo ne?
　　你 的 手表 呢？
女：Zài diànnǎo pángbiānr.
　　在 电脑 旁边儿。

和訳
男：あなたの腕時計は？
女：パソコンの隣にあります。

17 正解　A

スクリプト
男：Zhè jǐ zhāng piào shénme shíhòu mǎi de?
　　这 几 张 票 什么 时候 买 的？
女：Zuótiān mǎi de.
　　昨天 买 的。

和訳
男：このチケットはいつ買ったのですか？
女：昨日買ったのです。

18 正解　C

スクリプト
女：Zhèxiē yú shì sòng gěi nǐ de.
　　这些 鱼 是 送 给 你 的。
男：Tài hǎo le, xièxie.
　　太 好 了，谢谢！

和訳
女：これらの魚はあなたに贈ったものです。
男：すばらしい、ありがとう！

19 正解　D

スクリプト
女：Zhège wèntí shéi huì?
　　这个 问题 谁 会？
男：Lǎoshī, wǒ huì.
　　老师，我 会。

和訳
女：この問題を誰ができますか？
男：先生、僕ができます。

20 正解　B

スクリプト
男：Qǐng bāng wǒ xiě zhège Hànzì.
　　请 帮 我 写 这个 汉字。
女：Hǎo, méi wèntí.
　　好，没 问题。

和訳
男：（私のために）この漢字を書いてください。
女：いいですよ、問題ありません。

第3部分

21 正解　C

スクリプト
男：Wǒmen zài nǎr chī wǎnfàn?
　　我们在哪儿吃晚饭?
女：Qù wǒ jiā ba, wǒ zhù de bù yuǎn.
　　去我家吧，我住得不远。
问：Tāmen yào qù nǎr chī wǎnfàn?
　　他们要去哪儿吃晚饭?

和訳
男：私たちはどこで夕ご飯を食べますか？
女：私の家へ食べに行きましょう。私は近くに住んでいます。
問：彼らはどこで夕ご飯を食べるつもりですか？

選択肢
A　饭馆 (fànguǎn)　レストラン
B　公司 (gōngsī)　会社
C　她的家 (tā de jiā)　彼女の家

22 正解　A

スクリプト
女：Jīntiān de gōngzuò tài duō le, zuò bu wán.
　　今天的工作太多了，做不完。
男：Méi guānxi, wǒ bāng nǐ zuò.
　　没关系，我帮你做。
问：Tāmen zài zuò shénme?
　　他们在做什么?

和訳
女：今日の仕事は多すぎて、やり終えることができません。
男：大丈夫、私があなたがやるのを手伝います。
問：彼らは何をしているところですか？

選択肢
A　在工作 (zài gōngzuò)　仕事をしている
B　在学习 (zài xuéxí)　勉強をしている
C　在吃饭 (zài chīfàn)　ご飯を食べている

23 正解　B

スクリプト
男：Píngguǒ piányi le, mǎi yìdiǎnr ba.
　　苹果便宜了，买一点儿吧。
女：Hǎo, wǒ mǎi wǔ jīn.
　　好，我买五斤。
问：Nǚ de wèishénme mǎi píngguǒ?
　　女的为什么买苹果?

和訳
男：リンゴが安くなりました。ちょっと買いましょう。
女：はい、私は5斤（2.5キロ）買います。
問：女の人はなぜリンゴを買いましたか？

選択肢
A　喜欢 (xǐhuan)　好き
B　便宜 (piányi)　安い
C　好吃 (hǎochī)　おいしい

24 正解 C

スクリプト
男：Wǒ érzi yǐjing shíwǔsuì le, nǐ érzi ne?
我儿子已经十五岁了，你儿子呢？
女：Bǐ nǐ érzi xiǎo bāsuì.
比你儿子小八岁。
问：Nǚ de érzi duōdà le?
女的儿子多大了？

和訳
男：私の息子はすでに15歳になりました。あなたの息子さんは？
女：あなたの息子さんより8歳年下です。
問：女の人の息子は何歳ですか？

選択肢
A 15岁 （shíwǔsuì） 15歳
B 8岁 （bāsuì） 8歳
C 7岁 （qīsuì） 7歳

25 正解 B

スクリプト
女：Nǐ jiā lí gōngsī yuǎnbuyuǎn?
你家离公司远不远？
男：Bù yuǎn, zǒu shí fēnzhōng.
不远，走十分钟。
问：Cóng nán de jiā dào gōngsī duōcháng shíjiān?
从男的家到公司多长时间？

和訳
女：あなたの家は会社から遠いですか？
男：遠くありません。歩いて10分です。
問：男の人の家から会社までどれくらいかかりますか？

選択肢
A 9 分钟 （fēnzhōng） 9分間
B 10 分钟 （fēnzhōng） 10分間
C 4 分钟 （fēnzhōng） 4分間

26 正解 B

スクリプト
男：Yǐzi shang de shū hé zhuōzi shang de diànnǎo shì shéi de?
椅子上的书和桌子上的电脑是谁的？
女：Dōu shì wǒ de.
都是我的。
问：Yǐzi shang yǒu shénme?
椅子上有什么？

和訳
男：椅子の上の本と机の上のコンピューターは誰のですか？
女：みんな私のものです。
問：椅子の上には何がありますか？

選択肢
A 手机 （shǒujī） 携帯電話
B 书 （shū） 本
C 手表 （shǒubiǎo） 腕時計

27 正解 C

スクリプト
女：家里 牛奶 都 喝 完 了。
　　Jiālǐ niúnǎi dōu hē wán le.
男：我 去 买 吧。
　　Wǒ qù mǎi ba.
问：男 的 要 去 做 什么？
　　Nán de yào qù zuò shénme?

和訳
男：家の牛乳はみんな飲み終えてしまいました。
女：私が買いに行きましょう。
問：男の人は何をしに行かなければなりませんか？

選択肢
A 去 女 的 家　女の人の家へ行く
　qù nǚ de jiā
B 喝 牛奶　牛乳を飲む
　hē niúnǎi
C 去 买 牛奶　牛乳を買いに行く
　qù mǎi niúnǎi

28 正解 A

スクリプト
女：上午 有 人 找 我 吗？
　　Shàngwǔ yǒu rén zhǎo wǒ ma?
男：有 个 姓 王 的 先生 来过。
　　Yǒu ge xìng Wáng de xiānsheng láiguo.
问：谁 来 找过 女 的？
　　Shéi lái zhǎoguo nǚ de?

和訳
女：午前中に私を訪ねて来た人はいますか？
男：王という名前の方がいらっしゃいました。
問：誰が女の人を訪ねて来ましたか？

選択肢
A 王 先生　王さん
　Wáng xiānsheng
B 李 小姐　李さん
　Lǐ xiǎojiě
C 张 老师　張先生
　Zhāng lǎoshī

29 正解 A

スクリプト
女：明明，吃饭 的 时候 不要 玩儿。
　　Míngmíng, chīfàn de shíhou búyào wánr.
男：妈妈，对不起。
　　Māma, duìbuqǐ.
问：明明 为什么 说 对不起？
　　Míngmíng wèishénme shuō duìbùqǐ?

和訳
女：明明ご飯を食べる時には遊んではいけません。
男：お母さん、ごめんなさい。
問：明明はなぜごめんなさいと言ったのですか？

選択肢
A 他 玩儿　彼は遊んでいた
　tā wánr
B 他 吃饭　彼はご飯を食べていた
　tā chīfàn
C 他 说话　彼は話していた
　tā shuōhuà

30 正解 B

スクリプト

男：<ruby>这个<rt>Zhège</rt></ruby> <ruby>小狗<rt>xiǎo gǒu</rt></ruby> <ruby>是<rt>shì</rt></ruby> <ruby>谁<rt>shéi</rt></ruby> <ruby>的<rt>de</rt></ruby>?
女：<ruby>我<rt>Wǒ</rt></ruby> <ruby>送<rt>sòng</rt></ruby> <ruby>给<rt>gěi</rt></ruby> <ruby>你<rt>nǐ</rt></ruby> <ruby>的<rt>de</rt></ruby>。<ruby>你<rt>Nǐ</rt></ruby> <ruby>喜欢<rt>xǐhuan</rt></ruby> <ruby>吗<rt>ma</rt></ruby>?
问：<ruby>女<rt>Nǚ</rt></ruby> <ruby>的<rt>de</rt></ruby> <ruby>送<rt>sòng</rt></ruby> <ruby>什么<rt>shénme</rt></ruby> <ruby>给<rt>gěi</rt></ruby> <ruby>男<rt>nán</rt></ruby> <ruby>的<rt>de</rt></ruby> <ruby>了<rt>le</rt></ruby>.

和訳

男：この子犬は誰のですか？
女：私があなたにあげるものです。気に入りましたか？
問：女の人は男の人に何を贈りましたか？

「送给」のような結果補語に目的語が2つある場合、「送给（人）（物）」か「送（物）给（人）」という語順になります。いずれも「（人）に（物）を贈る」という意味です（3級レベル）。

選択肢

A　小猫（xiǎomāo）　子猫
B　小狗（xiǎogǒu）　子犬
C　手表（shǒubiǎo）　腕時計

第4部分

31 正解　C

スクリプト
女：请问，去 北京 大学 怎么 走？
　　Qǐngwèn, qù Běijīng Dàxué zěnme zǒu?
男：从 这儿 去，要 坐 七 路 公共汽车。
　　Cóng zhèr qù, yào zuò qī lù gōnggòngqìchē.
女：在 哪儿 坐？
　　Zài nǎr zuò?
男：就 在 前面 医院 旁边儿。
　　Jiù zài qiánmiàn yīyuàn pángbiānr.
问：女 的 怎么 去 北京 大学？
　　Nǚ de zěnme qù Běijīng Dàxué?

和訳
女：お尋ねしますが、北京大学へはどうやって行くのですか？
男：ここから行くなら、7番ルートのバスに乗らなければなりません。
女：どこで乗るのですか？
男：すぐ前の病院の横です。
問：女の人はどうやって北京大学へ行きますか？

選択肢
A　坐 火车　　汽車に乗る
　　zuò huǒchē
B　坐 出租车　タクシーに乗る
　　zuò chūzūchē
C　坐 公共汽车　バスに乗る
　　zuò gōnggòngqìchē

32 正解　A

スクリプト
女：笑笑，吃药了 吗？
　　Xiàoxiao, chīyàole ma?
男：我 不想 吃。妈妈，我 什么 时候 可以 去 上学？
　　Wǒ bùxiǎng chī. Māma, wǒ shénme shíhou kěyǐ qù shàngxué?
女：这些 药 都 吃 完 了，就 可以 去 上学 了。
　　Zhèxiē yào dōu chī wán le, jiù kěyǐ qù shàngxué le.
男：好，我 吃。
　　Hǎo, wǒ chī.
问：笑笑 为什么 没 去 上学？
　　Xiàoxiao wèishénme méi qù shàngxué?

和訳
女：笑笑、薬を飲みましたか？
男：私は飲みたくありません。お母さん、私はいつ学校へ行っていいのですか？
女：これらの薬をみんな飲んだら、学校へ行ってもいいです。
男：はい、私は飲みます。
問：笑笑はどうして学校へ行かなかったのですか？

選択肢
A　不 吃药　　薬を飲んでいない
　　bù chīyào
B　不 想 去　行きたくない
　　bù xiǎng qù
C　在 吃饭　　ご飯を食べている
　　zài chīfàn

33 正解 C

スクリプト
男：太冷了，喝杯热茶吧。
Tài lěng le, hē bēi rèchá ba.
女：我不喜欢喝茶，有咖啡吗？
Wǒ bù xǐhuan hē chá, yǒu kāfēi ma?
男：等一下我找找。
Děng yíxià, wǒ zhǎozhao.
女：谢谢！
Xièxie!
问：女的要喝什么？
Nǚ de yào hē shénme?

和訳
男：とても寒いです。熱いお茶を飲んでください。
女：私はお茶を飲むのが好きではありません。コーヒーありますか？
男：ちょっと待って。ちょっと探してみます。
女：ありがとう！
問：女の人は何を飲みたいのですか？

選択肢
A 茶 chá お茶
B 热水 rèshuǐ お湯
C 咖啡 kāfēi コーヒー

34 正解 A

スクリプト
男：你为什么学习汉语？
Nǐ wèishénme xuéxí Hànyǔ?
女：因为我想认识中国朋友。
Yīnwèi wǒ xiǎng rènshi Zhōngguó péngyou.
男：让我给你介绍一个，怎么样？
Ràng wǒ gěi nǐ jièshào yígè, zěnmeyàng?
女：你怎么认识的？
Nǐ zěnme rènshi de?
问：男的要给女的介绍什么？
Nán de yào gěi nǚ de jièshào shénme?

和訳
男：あなたはどうして中国語を勉強するのですか？
女：私は中国人の友達と知り合いになりたいからです。
男：私にあなたのために1人紹介させてください。どうですか？
女：あなたはどうやって知り合ったのですか？
問：男の人は女の人のために何を紹介するつもりですか？

選択肢
A 中国朋友 Zhōngguó péngyou 中国人の友達
B 中国老师 Zhōngguó lǎoshī 中国人の先生
C 汉语书 Hànyǔ shū 中国語の本

35 正解　C

スクリプト

男：我们八月去上海旅游吧？
女：八月？八月的上海太热了，十月吧。
男：好的，我没问题。
女：那我明天问问飞机票。
问：他们什么时候去上海？

和訳

男：私たちは8月に上海へ旅行に行きましょうか？
女：8月？8月の上海はとても暑いから、10月にしましょう。
男：いいですよ。問題ありません。
女：それでは明日私は飛行機のチケットをちょっと聞いてみます。
問：彼らはいつ上海へ行きますか？

選択肢

A　9月　9月
B　8月　8月
C　10月　10月

模擬問題 二、阅读

第1部分

36 正解 E
Jīntiān tiānqì bùhǎo, kěnéng huì xià yǔ.
今天 天气 不好，可能 会 下 雨。
和訳 今日は天気がよくないので、おそらく雨が降るでしょう。

37 正解 C
Jīnnián de dōngtiān hěn lěng, yào duō chuān xiē yīfu.
今年 的 冬天 很 冷，要 多 穿 些 衣服。
和訳 今年の冬は寒いので、たくさん服を着なければなりません。

38 正解 F
Xiǎo Zhāng chàng de fēicháng hǎo.
小 张 唱 得 非常 好。
和訳 張さんは歌うのがとてもうまいです。

39 正解 A
Wǒ chīguo Běijīngcài, hěn hǎochī.
我 吃过 北京菜，很 好吃。
和訳 私は北京料理を食べたことがありますが、おいしかったです。

40 正解 B
Wǒ nǚ'ér hái méi shuìjiào, zhèngzài tīng yīnyuè ne.
我 女儿 还 没 睡觉，正在 听 音乐 呢。
和訳 私の娘はまだ寝ていません。ちょうど音楽を聞いているところです。

第2部分

41 正解 B
Wǒ jīntiān yǒudiǎnr lèi, yīnwèi gōngzuò tài máng le.
我 今天 有点儿 累，(因为) 工作 太 忙 了。
和訳 私は今日は少し疲れました。仕事がとても忙しかったので。

42 正解 F
Wǒ méi kàn guo nàge diànyǐng, hěn xiǎng kàn.
我 没 看 (过) 那个 电影，很 想 看。
和訳 私はその映画を見たことがありませんが、とても見たいです。

43 正解 C
Lǎoshī, nǐ shuō de tài kuài le, wǒ méi tīngdǒng.
老师，你 说 得 太 快 了，我 (没) 听懂。
和訳 先生、あなたは話すのがとても速いので、私は聞いてわかりません。

44 正解 A
Qǐng gàosu wǒ zhège zì zěnme dú?
请 (告诉) 我 这个 字 怎么 读？
和訳 私にこの字をどう読むのかを教えてください。

45 正解 D
Wǎnshang wǒmen yìqǐ qù chīfàn ba.
晚上 我们 一起 去 吃饭 (吧)。
和訳 夜に私たちは一緒にご飯を食べましょう。

第3部分

46 正解 ✓

Māma zuótiān mǎile 3 ge xīguā, chīle yíge, gěile péngyou yíge.
妈妈 昨天 买了 3 个 西瓜,吃了 一个,给了 朋友 一个。

Wǒjiāli hái yǒu 1 ge xīguā.
★ 我家里 还 有 1 个 西瓜。

和訳 お母さんは昨日3個のスイカを買いました。1つを食べて、友達に1つあげました。

★ 私の家にはあと1つスイカがあります。

47 正解 ✗

Jīntiān shàngbān tài lèi le! Wǎnfàn bù xiǎng zuò le, wǒmen qù wàimiàn chī ba. Qī diǎn zài fànguǎn jiàn!
今天 上班 太 累 了!晚饭 不 想 做 了,我们 去 外面 吃 吧。7 点 在 饭馆 见!

Wǒ zhèngzài chī wǎnfàn ne.
★ 我 正在 吃 晚饭 呢。

和訳 今日仕事をしてとても疲れました!夜ご飯は作りたくなくなりました。私達は外へ食べに行きましょう。7時にレストランで会いましょう!

★ 私はちょうど夜ご飯を食べているところです。

48 正解 ✗

Zhāng Míng, zhèběn shū gěi nǐ kàn ba. Wǒ hái méi dúwán, yīnwèi yào zhǔnbèi xià ge yuè de kǎoshì, suǒyǐ méi shíjiān dú.
张 明,这本 书 给 你 看 吧。我 还 没 读完,因为 要 准备 下 个 月 的 考试,所以 没 时间 读。

Wǒ yǐjing dúwán le zhèběn shū.
★ 我 已经 读完 了 这本 书。

和訳 張明さん、この本をあなたにお見せしましょうか。私はまだ読み終わっていません。来月の試験の準備をしなければならないので、読む時間がありません。

★ 私はすでにこの本を読み終わりました。

49 正解 ✗

Wǒmen gōngsī pángbiānr de fànguǎn fēicháng hǎochī, wǒ měitiān zhōngwǔ dōu qù nàr chīfàn, dànshì Xiǎo Zhào shuō gōngsī qiánbian nàge fànguǎn zuò de zuì hǎochī.
我们 公司 旁边儿 的 饭馆 非常 好吃,我 每天 中午 都 去 那儿 吃饭,但是 小 赵 说 公司 前边 那个 饭馆 做 的 最 好吃。

Xiǎo Zhào xǐhuan gōngsī pángbiānr de fànguǎn.
★ 小 赵 喜欢 公司 旁边儿 的 饭馆。

和訳 私たちの会社の横にあるレストランはとてもおいしいです。私は毎日昼にそこへ行って食べます。しかし、趙さんは会社の前のあのレストランが作るのが一番おいしいと言います。

★ 趙さんは会社の横のレストランが好きです。

50 正解 ✗　Wǒ xiàge xīngqī yào huí Zhōngguó le, suǒyǐ péngyou sònggěi wǒ
我 下个 星期 要 回 中国 了，所以 朋友 送给 我
yíjiàn yīfu. Yīfu de yánsè hěn piàoliang, dànshì yǒudiǎnr xiǎo. Wǒ
一件 衣服。衣服 的 颜色 很 漂亮，但是 有点儿 小。我
kěnéng huì gěi mèimei chuān.
可能 会 给 妹妹 穿。

★ Wǒ néng chuān péngyou sònggěi wǒ de yīfu.
★ 我 能 穿 朋友 送给 我 的 衣服。

和訳　私は来週まもなく中国へ帰りますので、友達は私に1着の服をくれました。服の色はきれいですが、ちょっと小さいです。私はおそらく妹に着させるでしょう。

★ 私は友達が私に送ってくれた服を着ることができます。

第4部分

51 正解 F　Nǐ zài nǎr ne? Wǒ kuài dào le.
你 在 哪儿 呢？我 快 到 了。
Wǒ zài chēzhàn pángbiānr de kāfēidiànli děng nǐ ne.
我 在 车站 旁边儿 的 咖啡店里 等 你 呢。

和訳　あなたはどこにいるの？私はもうすぐ着きます。

私は駅の横の珈琲店であなたを待っています。

52 正解 A　Wǒ zuò míngtiān xiàwǔ de fēijī qù Běijīng, xiàxīngqī'èr huílai.
我 坐 明天 下午 的 飞机 去 北京，下星期二 回来。
Běijīng bǐ zhèli lěng, duōchuān yìdiǎnr yīfu.
北京 比 这里 冷，多穿 一点儿 衣服。

和訳　私は明日午後の飛行機で北京へ行き、来週の火曜日に帰って来ます。

北京はここよりも寒いから、たくさん服を着てください。

53 正解 D　Wéi, qǐngwèn shì Shànghǎiyīyuàn ma?
喂，请问 是 上海医院 吗？
Nǐ dǎcuò le, zhèr shì Shànghǎi Dàxué.
你 打错 了，这儿 是 上海 大学。

和訳　もしもし、お尋ねしますが上海病院ですか？

あなたはかけ間違えています。ここは上海大学です。

54 正解 B　Dōu chīwán le, nǐ qù fànguǎn chī ba.
都 吃完 了，你 去 饭馆 吃 吧。
Jiāli yǒu chī de ma? Wǒ hái méi chī wǎnfàn ne.
家里 有 吃 的 吗？我 还 没 吃 晚饭 呢。

和訳　もう食べ終わりました。あなたはレストランへ行って食べてください。

家には食べるものはありますか？私はまだ晩ご飯を食べていません。

55 正解 C
Xiǎo Míng, ràng wǒ tīngting nǐ chàng de gē.
小明，让我听听你唱的歌。
Wǒ chàng de bù hǎo, bié tīng le.
我唱得不好，别听了。

和訳 ▶ 明さん、私にあなたが歌う歌を聞かせてください。
私は歌うのがうまくありませんから、聞かないで。

56 正解 B
Xiàwǔ wǒ qù shāngdiàn, yǒu shénme xiǎng mǎi de dōngxi ma?
下午我去商店，有什么想买的东西吗？
Jīdàn méiyǒu le, mǎi xiē jīdàn ba.
鸡蛋没有了，买些鸡蛋吧。

和訳 ▶ 午後に私は店へ行きますが、何か買いたいものがありますか？
卵がなくなったので、いくつか卵を買いましょう。

57 正解 C
Māma, wǒ zhǎo bú dào nà kuài hóngsè de shǒubiǎo le.
妈妈，我找不到那块红色的手表了。
Wǒ bāng nǐ zhǎozhao ba.
我帮你找找吧。

和訳 ▶ お母さん、私のあの赤い腕時計が見つかりませんでした。
私はあなたのためにちょっと探しましょう。

58 正解 E
Xiàoxiao, wèishénme nǐ xiě de zhème màn?
笑笑，为什么你写得这么慢？
Yīnwèi wǒ búhuì xiě, suǒyǐ xiě de búkuài.
因为我不会写，所以写得不快。

和訳 ▶ 笑笑、なぜあなたはこんなに書くのが遅いんですか？
私は書くことができないので、書くのが速くありません。

59 正解 A
Jīntiān de píngguǒ hěn piányi, nǐ méi mǎi ma?
今天的苹果很便宜，你没买吗？
Wǒ yǐjīng mǎiguo le, mǎi le bù shǎo ne.
我已经买过了，买了不少呢。

和訳 ▶ 今日のリンゴはとても安いです。あなたは買いませんでしたか？
私はもう買いました。たくさん買いましたよ。

60 正解 D
Zhāng xiānsheng zěnme hái méi lái ne?
张先生怎么还没来呢？
Tā yǒu shì, jīntiān bùnéng lái le.
他有事，今天不能来了。

和訳 ▶ 張さんはなぜまだ来ないの？
彼は用事があって、今日は来ることができなくなりました。

HSK合格をサポートする公認シリーズ

アプリ　映像教材　書籍

公認 単語トレーニング（1級〜6級）

HSK合格に必要な単語を手軽に学べる！

- 出題範囲の単語すべてに過去問に基づいた例文をつけて収録。
- すべての単語・日本語訳・例文の音声を収録。
- テスト機能は「読解問題」「リスニング」の対策に最適。弱点単語のみのランダムテストもあり。
- 連続再生機能付。聞き流し学習にも対応。

1〜6級 好評発売中！

Android版ダウンロード
iPhone版ダウンロード

※推奨環境などについては各ストアでご確認ください。（タブレットは含まれません）

公認 単語トレーニング 7-9級

- 7〜9級出題範囲の5636語収録！
- 単語を音声と例文で学習しながら、MY単語に登録やメモも書きこめる！
- 学習済み単語リスト・MY単語リスト付！
- 音声と表示は自分の好みにカスタマイズOK！

まずは単語200語・テスト100問を無料でお試し！

Android版ダウンロード
iPhone版ダウンロード

※推奨環境などについては各ストアでご確認ください。（タブレットは含まれません）

公認 映像講座 1級〜4級

これだけでHSKに合格できる！

- 公認教材の内容をさらに分かりやすくネイティブが授業形式で解説。
- 学びながら発音も確認できるからリスニング対策にも。
- 練習問題は1問1解説だから、分からない問題を繰り返し見られる。
- 通勤・通学中、家、学校でも、インターネット環境さえあればどこでも見られる。

詳細は https://ch-edu.net/elearning/

中国語検定 HSK公式過去問集 2021年度版 1級～6級・口試

🎧 HSK 無料音声アプリ対応

テスト形式で実力を測定。直前の弱点補強に。

全文和訳と詳細な日本語解説付き。

HSKの問題形式を確認できる!!

実際の過去問で力試し!!

- 過去問5回分を収録!!
- 全文和訳つき!!
- 解説で復習もできる!!

スプリックスの公式・公認シリーズは受験者シェアNo1！*

中国語検定 HSK公認テキスト1級～4級
公認長文テキスト5級

🎧 HSK 無料音声アプリ対応

これ1冊でHSK対策ができる

- **ポイント1** 出題傾向がよくわかる解説。
- **ポイント2** 各級に必要な文法事項を凝縮。
- **ポイント3** 音声付きの豊富な例文でリスニング試験にも完全対応。
- **ポイント4** 出題頻度が分かる単語表付きで直前の対策にも最適。

5級のハイスコア獲得に必要な力を養える

- **読む力** HSK頻出テーマを中心に読み飽きない100の中国語長文を掲載。楽しみながら多読トレーニングができる！
- **聞く力** 全長文の音声データを収録。ナチュラルなスピードでリスニング対策ができる！
- **単語力** 長文中でHSK5級出題範囲の1300単語を全てカバー。効率的に必要単語を学習できる！

公認 スタンダードコース中国語 1級～4級上下

北京語言大学出版社・孔子学院本部／国家漢弁 共同編纂

🎧 HSK 無料音声アプリ対応

語学学校や大学などで使用できる授業用教材です

- 実用的な中国語が身に付く
- 豊富なコミュニケーション練習
- HSK完全対応

別のシリーズのご購入は
HSK学習コンテンツ総合サイトをご参照ください。

＊HSK日本実施委員会調べ2023年2・3月期試験での無作為アンケートの結果。

深圳大学 東京校

高校生のあなたに 学部生募集中

早慶上理・GMARCHに負けない学歴を！

- 日本にいながらにして世界大学ランク187位の大学で学ぶ。
- 日本の大学卒業同等の資格を得られる。
- 中国語＋経営学・情報学を身につける。
- HSK上位取得者は、奨学金と飛び級。

オープンキャンパスに申し込む ▶

深圳大学 東京校の特徴

Point 1. 世界大学ランキングが更新されました！
日本にいながら中国有名総合大学の学士を取得

優秀な教授陣、知的財産権、論文の引用率などが高く評価され、187位にランクアップ！早慶上理・GMARCHに負けない大学。

- 84位 東京大学
- 168位 京都大学
- **187位 深圳大学**
- 534位 慶応義塾大学
- 586位 早稲田大学
- 1938位 明治大学

※US Newsランキング

Point 2. 中国語＋経営学・情報学を習得

ネイティブ中国人講師が初心者に分かりやすく指導。また、語学だけでなく、副専攻として、経営学、情報コミュニケーション学を選択し企業のニーズに合う競争力のある人材を育成します。

Point 3. HSK上位取得者は、奨学金と飛び級可

HSK上位取得者は、最大24万円の奨学金。中国語成績優秀者は飛び級が可能で、最短2年で卒業、最短5年で大学院の修士まで取得できます。

Point 4. 文部科学大臣指定の外国大学日本校 認定校

日本の大学と同等の卒業資格が得られます。また、政府関連団体による奨学金や通学定期の割引制度など申請可能です。

社会人・大学生・留学準備中のあなたに

語言生募集中

集中して勉強するからこそ、中国語がマスターできる

- HSK で上位級を取るだけでなく、中国語が話せて聞き取れるようになる！
- 月-金　9:00-12:15 なので、午後は自由！
- 新宿四谷にあるので、どこに行くのも便利！
- 有名総合大学深圳大学から派遣されるプロフェッショナル講師による授業！

※開講時期　春季：4月上旬　秋季：9月下旬

◀ 語言生向けページ

Point 1　HSK の問題作成機関として認定

深圳大学は、その中国語教育のクオリティが評価され、HSK 中国語検定試験の問題作成機関として、HSK の管理運営委員会より認定を受けています。

Point 2　深圳大学本校より派遣された教員が指導

東京校でも深圳大学本校から派遣された教員が指導を行います。経験豊富で優秀な教員による直接法での指導で、語学力を高めることが出来ます。

お問い合わせ・公式 SNS

LINE　　Wechat　　Instagram

- スマホで気軽に問い合わせ！
- 大学の情報をいつでも手軽に見れる♪
- 限定情報も配信！

文部科学大臣指定　外国大学日本校

深圳大学 東京校
SHENZHEN UNIVERSITY TOKYO COLLEGE

中国語学部 ビジネス中国語学科　[副専攻：経営学、情報コミュニケーション学]

〒160-0004 東京都新宿区四谷 1-22-5 3F
TEL ▶ 03-6384-2207　（東京校事務局）
e-mail ▶ info-szu@szu-tokyo.jp

公式ホームページ

著者プロフィール：宮岸 雄介

防衛医科大学校医学教育部准教授、東京生まれ。専門は中国思想史。早稲田大学大学院文学研究科博士課程単位取得満期退学。2001年より北京師範大学中文系博士課程（中国古典文献学専攻）に留学。著書に『とらえどころのない中国人のとらえかた』（講談社＋α新書）、中国語教科書に『中国語文法トレーニング』（高橋書店）、『30日で学べる中国語文法』（ナツメ社）、『作文で鍛える中国語の文法』（語研）など。翻訳に孟偉哉著『孫子兵法物語』（影書房）などがある。
2010年10月～2011年3月までNHKラジオ講座「まいにち中国語」の講師を務める。

中国語検定 HSK公認テキスト 2級 改訂版 ［音声DL付］

2016年 3月20日	初版	第1刷	発行
2017年10月 1日	初版	第2刷	発行
2018年12月 1日	初版	第3刷	発行
2021年 4月20日	初版	第4刷	発行
2023年 6月 1日	初版	第5刷	発行
2025年 3月10日	初版	第6刷	発行

著　　　者：宮岸 雄介
編　　　者：株式会社スプリックス
発　行　者：常石 博之
Ｄ　Ｔ　Ｐ：株式会社中央印刷
印刷・製本：シナノ書籍印刷株式会社
発　行　所：株式会社スプリックス
　　　　　　〒150-6222 東京都渋谷区桜丘町1-1
　　　　　　　　　　　渋谷サクラステージ SHIBUYA タワー 22F
　　　　　　TEL 03(6416) 5234　FAX 03(6416) 5293　E-mail ch-edu@sprix.jp
落丁・乱丁本については、送料小社負担にてお取り替えいたします。

SPRIX Inc. Printed in Japan　　ISBN978-4-906725-31-1

本書およびダウンロードデータの内容を小社の許諾を得ずに複製、転載、放送、上映することは法律で禁止されています。
また、無断での改変や第三者への譲渡、販売（パソコンによるネットワーク通信での提供なども含む）は禁じます。
請負業者等の第三者によるデジタル化は一切認められておりません。

HSK日本実施委員会 公認